赤ちゃんの心理学

Developmental Psychology of Babies

大藪 泰 =著
Oyabu Yasushi

日本評論社

はじめに

　かつて人の赤ちゃんは，何もできない無能な存在だと信じられていました。たしかに能力は未熟です。それは疑いようがない事実です。しかし，その未熟さはけっして無能な未熟さではありません。それはきわめて有能な未熟さです。

　赤ちゃんは誕生直後から，未熟な能力を精いっぱい使って，自分の身のまわりの出来事を理解しようとしはじめます。物，自分，人という存在の違いに気づき，周囲の世界を切りわけ，そしてそれらを結びつけ，一体化した世界として組織化しようとします。そこには非常に鋭敏な感受性，他者と豊かに共鳴しあう情動性，現象から距離をとって冷静に観察する静観性といった心の働きがあります。ことばのない赤ちゃんは，こうしたすぐれた心の働きを駆使して，ほぼ1年間で，意味という見えない世界の存在にも気づきはじめます。この意味世界への気づきが，人に特有なことばの獲得と文化世界への参入をもたらすのです。赤ちゃんは「生物としてのヒト」から「文化をもつ人」へと，短時間のあいだに大きく変貌します。そこではきわめてすぐれた能力が発揮されているはずです。本書は，こうした視点から赤ちゃんの心の世界を論じています。

　この半世紀のあいだに，発達心理学は，ことばのない赤ちゃんの心の世界を，巧妙な研究方法を使って明らかにしてきました。本書は，こうした研究データを用いて，赤ちゃんの心の世界を描きだそうとしたものです。そのために使用した研究データの多くは，国内・国外の研究者が見いだしたものです。私も細々とではありますが，乳幼児を対象に臨床活動や研究活動を行ってまいりました。本書には，そうした私自身の研究データ，臨床経験，観察

事例なども随所に織りこんであります。

　本書は，赤ちゃんの心理学にはじめて触れようとする読者を念頭において書いたものです。これからお母さんやお父さんになる方々が，赤ちゃんとはどんな存在なのか，そのイメージづくりをするのにも役立つと思います。平易な記述を心がけましたので，あまり苦労せずに読みとおせるはずです。しかし，内容はけっして薄いものではありません。また，赤ちゃん時代を過ぎてからの子育てへのつながりも必要だと感じましたので，最後の数章では幼児・児童についても触れてあります。

　なお，本書での「赤ちゃん」という用語は，よちよち歩きの子どもくらいまでをさしています。また，「親」の表現を「お母さん」で統一するようにしました。煩雑化を避けるためです。ご承知おきください。

目　次

第 1 章　泣き声のメッセージ ……………………………… 9

1．産声をあげる　9
2．泣きやんだとき　12
3．泣きの理由　14
4．泣きをなだめる　15
5．泣きが増える　17
6．イライラさせる泣き　19

第 2 章　微笑は心を結ぶ ……………………………… 21

1．浮かびでるほほえみ　21
2．誘いだされるほほえみ　24
3．心を結ぼうとするほほえみ　26
4．情動がもつ意味　28

第 3 章　眠りと目覚めのリズム ……………………………… 31

1．行動状態　31
2．眠りの世界　35
3．目覚めの世界　38

第 4 章　胎児とユニモダリティ　42

1．胎児の感覚と運動　42
2．胎児の奇形発生の原因　45
3．ユニモダリティ　46

第 5 章　マルチモダリティと運動　56

1．モリヌークスの問題　56
2．マルチモダリティ能力　57
3．運動の発達　62

第 6 章　物を知る　67

1．ピアジェ理論の位置づけ　67
2．ピアジェ理論の基礎　68
3．感覚 - 運動的知能の発達　71
4．ピアジェ理論への批判　76

第 7 章　自分に気づく　81

1．身体に感じる自分　81
2．鏡に映る自分　85
3．お母さんの顔に映る自分　89

第 8 章　人と出会う　93

1．情動と他者　93
2．人との出会いを求める心　97
3．人がもつ意図への気づき　103

4．お母さんとの出会いの体験　　108
　　　5．他者の経験知の理解　　109

第9章　母と子のリズム　　113

　　　1．お母さんの語りかけ　　113
　　　2．お母さんが顔を静止させると　　116
　　　3．お母さんがイナイ・イナイ・バーをすると　　118
　　　4．赤ちゃんが期待すること　　121

第10章　模倣の不思議　　123

　　　1．顔の表情の模倣　　124
　　　2．バイバイの模倣　　126
　　　3．額でボタンを押す動作の模倣　　127
　　　4．損をしてもする模倣　　131
　　　5．動作のかたちを真似しない模倣　　133

第11章　意味世界への誘い　　135

　　　1．人と一緒に見る物の理解　　135
　　　2．対面的共同注意　　137
　　　3．意味世界への気づきと理解　　144

第12章　お母さんは安全の基地　　148

　　　1．弱虫なんかじゃない　　148
　　　2．お母さんとの心のきずな　　150
　　　3．アタッチメントパターンと文化による違い　　155
　　　4．お母さんからの情報　　157

第13章　素直な反抗と遊びの世界 ……………… 161

1．お片づけと反抗　161
2．2歳児の反抗とは何か　163
3．遊びがもつ不思議な力　165
4．夕焼けとおうちの明かり　168
5．直観的思考　169

第14章　子どもと離れるとき ……………… 172

1．怖くなった幼稚園　172
2．心配と信頼　173
3．一日入園の日　174
4．過激な発言　176
5．入園式の日　176
6．自己主張　177
7．お母さんの知恵　178

第15章　心を病むとき・癒すとき ……………… 180

1．身のまわりの物が怖くなってしまった子　180
2．パンツにウンチをしてしまう子　184
3．髪の毛を抜いてしまう子　188

補遺　息子への手紙 ……………… 194

おわりに　199
索　引　201

赤ちゃんの心理学

第1章

泣き声のメッセージ

　赤ちゃんの泣き声は，お母さんへの出会いのメッセージです。生まれたばかりの赤ちゃんが真っ先にすること，それは全身に力をこめて泣くことです。赤ちゃんは無能力だと思われていますが，けっしてそうではありません。たしかに赤ちゃんの能力は未熟です。しかし赤ちゃんは，その能力を精いっぱい使ってお母さんに働きかけようとします。そのけなげな表現の代表が「泣く」ことです。赤ちゃんは数えられないくらい泣きます。そして，泣き声が聞こえるたびに，お母さんは赤ちゃんの様子をうかがい，どのようにかかわったらよいのか考えようとします。泣き声は，お母さんの心を赤ちゃんに引きつける出会いの合図なのです。

1．産声をあげる

〔純くんが生まれた瞬間〕
　ある病院の分娩室。純くんと名づけられた男の赤ちゃんが，たった今生まれました。お母さんから苦しそうないきみが消え，分娩室の緊張感がゆるみます。そのとき，純くんが大きな産声をあげました。産声を聞くやいなや，今まで苦しんでいたお母さんの表情が急にやわらぎ，息づかいがおだやかになりました。「元気に生まれたよ！」という泣き声の合図に，お

母さんはほんとうに安心した様子です。
　目の前に差しだされたわが子とはじめて出会ったお母さんは、笑顔を浮かべ、その顔と身体にそっと指先で、やがて手のひら全体でさわります。「純くん」とやさしく声もかけます。すると純くんは泣きやみ、顔を左右にゆっくり動かしながら目をあけようとします。まぶしそうにしながら、まぶたを開け閉めします。眼球の上にかかっていた透明な膜のようなものが次第にうすらいでゆき、キラキラとした瞳があらわれ、周囲をしきりに見まわしているようです。純くんの目ははじめて明るい光に接し、その光のなかでお母さんの顔や声やぬくもりに出会うのです。こうして、母は母の、子どもは子どもの世界に向かって歩みはじめます。

　産声は赤ちゃんの誕生を告げる高らかなファンファーレのようです。その力強い泣き声を聞いた瞬間、お母さんはわが子が無事に生まれたことを実感します。この呱々の声は、最初の呼吸にともなって生じる現象です。しかし、産声は特殊な現象で、人にもっとも近い霊長類であるチンパンジーにもありません。肺で呼吸を開始させるのに泣く必要はないのです。ですから、人の赤ちゃんがあんなに強く泣くのには、何か別の理由があるのでしょう。人の赤ちゃんは、産声を使って、たくましく生きる力をそなえた生命を産みだしたという安心感をお母さんに伝えようとしたのかもしれません。産声はお母さんを安心させ、その気持ちを整えさせます。そして、自分に強く引きよせます。人の赤ちゃんは、生まれてすぐにお母さんと出会おうとします。
　はるか昔、どう猛な野獣が人の身近にいたころ、産声には無防備な母子の居場所をこうした外敵に教える危険がありました。しかし人の赤ちゃんは、そうした危険があっても、進化のどこかの時点でお母さんとの出会いを優先することを選択したようです。人の赤ちゃんは、お母さんとの親密な関係をもっとも重視しようとしました。誕生時から他者との結びつきを求めようとする脳がそなえられたのです。近年、こうした特徴をもつ人の脳を**社会脳**と呼んで、その仕組みが活発に研究されています。
　出産直後のお母さんは、赤ちゃんの行動に敏感に反応することが知られて

います。この**母性感受性**が高まったお母さんに，すかさず産声をあげて自分の存在をアピールしようとする赤ちゃん。その振る舞いはなんとも絶妙です。泣き声は，それを聞く者を不快にさせることがあります。しかし，産声に関するかぎり，そんな心配はありません。お母さんは産声を聞いて心から安心するからです。

　生まれたばかりの**新生児**を誕生直後から3時間連続して観察したことがあります。分娩室で20名ほど観察しましたが，ほとんどの赤ちゃんに，産声をあげた直後に目をパッチリあけて目覚めた状態が出現しました。赤ちゃんは産声をあげ，疲れ果てて眠ってしまうのではありません。それどころか，非常に活性化した状態を維持し続けるのです。時折まどろんだりしながら出現するこの状態は**高覚醒期**と呼ばれ，平均して1時間20分ほども続きます。時々目を凝らすような目つきをすることがあるこの目覚めた状態が過ぎると，ようやく赤ちゃんは眠りの世界に入っていきます（図1）。こうした**行動状態**の推移は，帝王切開で生まれた赤ちゃんでも観察されます。

　産声をあげて泣き，目覚めた状態を経て，眠りに入るという行動の流れが，お母さんとの関係づくりにどの程度の影響力があるのか，はっきりしたことはわかりません。しかし，こうした一連の赤ちゃんの行動には，お母さんとの出会いを豊かなものにさせる可能性がひそんでいます。それは，お母さんとの出会いの場面を詳細に見ればわかります。

　出産直後にあがる産声は，人を引きつけるシグナルとして働きます。泣き

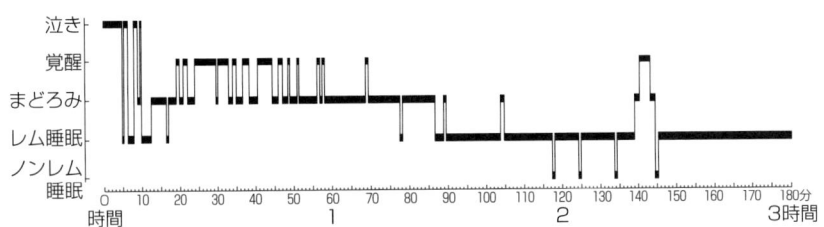

図1　誕生直後3時間の行動状態の推移の典型例
大藪泰，田口良雄「乳児の行動状態に関する研究Ⅲ―出産直後の行動状態の検討」『日本新生児学会雑誌』21巻，321-327頁，1985

声によって，お母さんの注意が赤ちゃんに強く引きつけられるのです。お母さんは赤ちゃんの泣き声を聞いて，自然にその様子を自分の目で確かめようとします。そのお母さんに向かって，赤ちゃんは目をパッチリあけて見せるのです。赤ちゃんが目を開いた状態は，人を自分の近くにとどめておくシグナルです。お母さんは，目を開いている赤ちゃんをとても魅力的に感じます。ですから，目覚めている赤ちゃんに対して，やさしく話しかけたり，手でさわったりすることが多くなります。乳首を吸わせようとする振る舞いが生じることもあります。赤ちゃんは，お母さんからこうした世話を受け，次第に落ち着き，やがて静かに眠りの世界に入っていくことになります。

　お母さんは，このような赤ちゃんのもつ行動の流れにそって振る舞えば，自然に赤ちゃんとの有効な出会いができます。目をあけた赤ちゃんと出会い，おだやかに眠りに入る赤ちゃんに安心し，喜びを感じられるなら，それは有能な母親イメージの獲得に役立つ可能性があります。近年，出産直後に身体接触を含む母子の出会いの場を提供する試みが，**早期母子接触**として多くの産科病院で実施されています。**カンガルーケア**ともいわれるこうした試みには，赤ちゃんの側でも一役買っているのです。

　お母さんに赤ちゃんとの意味ある出会いを可能にさせる誕生直後の赤ちゃんの行動の流れ，それは人の赤ちゃんにそなわる有能で不思議な現象です。

2．泣きやんだとき

　赤ちゃんは，産声をあげて泣いたあと，目覚めた状態になることがわかりました。それでは，産声以降に生じる泣きの場合はどうなるのでしょうか。産声のときと同じように目覚めた状態になるのでしょうか，それとも，そうはならないのでしょうか。

　産科病院の新生児室で観察したデータを紹介してみたいと思います。赤ちゃんは生まれるとおおよそ1週間ほど病院で過ごし，退院していきます。図2は，満期産で誕生して新生児室にいた生後0日，2日，5日の健康な赤ちゃんを，他者からの働きかけのない状態で観察し，泣きやんだ直後に出現し

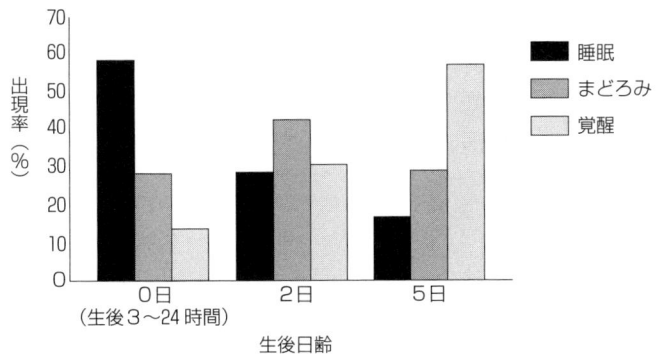

図2 新生児の泣き直後の行動状態
大藪泰，大藪素枝，田口良雄「乳児の行動状態に関する研究Ⅱ―満期産新生児を対象にして」『小児保健研究』41 巻，345-350 頁，1982

た行動状態の出現率を示したものです。生後０日では睡眠が多く，覚醒が少ないこと，それが生後５日になるとまったく逆になり，泣いたあとでは覚醒が多く出現し，睡眠が少なくなることがわかります。つまり新生児は，生後１週間も経たないうちに行動状態の推移に発達的な変化を見せ，泣いたあとに目覚めることが多くなるのです。

　生後０日児，２日児，５日児を対象にして検討したのには理由があります。**ブラゼルトン**（Brazelton, T. B.）によって，生後０日は分娩の影響が強く残り，生理的な調整能力が不十分な時期，生後２日は分娩の影響がうすらぎ，生理的な調整がはじまる時期，そして生後５日は生理的状態が安定しはじめる時期とされているからです。図２の泣きのデータは，この生理的な調整過程とよく合致した関係にあることがわかります。新生児は，ほぼ１週間のあいだに，生理的な調整過程と並行して，自分自身で泣きをなだめて覚醒し，お母さんと最適な状態で出会える仕組みを身につけるようになるのです。

　赤ちゃんが獲得するこの仕組みには，お母さんとの関係づくりを促進させる働きがあります。最初に，赤ちゃんのほうから見てみます。泣いた直後に自分だけの力で覚醒した状態を出現させるという仕組みがそなわるために，

泣きで呼び寄せたお母さんとのやりとりがいっそう有効性を高めます。赤ちゃんは，泣きによって呼び寄せたお母さんの働きを受けて，さらに目覚めやすくなり，お母さんと見つめあいながら交流する機会を増やせるからです。次に，お母さんのほうから見てみましょう。お母さんは，赤ちゃんがそなえるこうした**自己統御能力**のおかげで，赤ちゃんの泣きをなだめ，機嫌よくやりとりする経験を多くもちやすくなります。それは，赤ちゃんを養育する能力に対するお母さんの自信をはぐくむのに役立っています。

　生まれた赤ちゃんが病院で過ごす1週間，そのあいだに母子の関係づくりがすでにはじまっています。退院するころには，赤ちゃんの泣きにかかわる領域でも，母と子の関係づくりに有効な仕組みが構築されだしているのです。

3．泣きの理由

　自分の赤ちゃんが泣くと目をさますけれど，よその赤ちゃんが泣いても気づかないで寝ているというお母さんがいます。また，**染色体**の異常が原因の病気になり，奇妙な泣き声をあげる赤ちゃんがいることも知られています。

　お母さんは，赤ちゃんの泣きの理由をどの程度理解できるのでしょうか。赤ちゃんの泣き声がもつ意味を探ろうとして，泣き声には泣きの理由を推測させる情報がどの程度含まれているのかを検討した研究があります。北欧での研究がよく知られています。健康な赤ちゃんを対象にした場合と，心身の発達にリスクのある赤ちゃんを対象にした場合にわけて，その結果の要点をまとめてみます。

■ **健康な赤ちゃんの泣き声**

　健康な赤ちゃんの痛みによる泣き声，空腹による泣き声，快適な状態での大きな声をテープに録音します。その泣き声を聞かせて，どのカテゴリに属するかを答えさせると，養育経験のない妊婦，養育経験のある妊婦，赤ちゃんを子育て中の母親，第2子の赤ちゃんを子育て中の母親の順で，後者にな

るほど，回答が正確になることが知られています。また，出産後の産科病室での赤ちゃんとの同室体験の有無が，生後5日でも1ヵ月の時点でも影響し，同室体験をしたお母さんのほうが泣きの理由がわかると回答することが多いようです。

　こうした研究は，自分の赤ちゃんとじかに触れあって育てるという経験が，赤ちゃんの泣きに対するお母さんの感受性を高めることを示唆しています。出産経験，自分の子どもの養育と泣きへの対処体験などによって，お母さんには赤ちゃんの泣きへの対応力が育っていくのです。

　しかし，泣き声だけでその原因を確実に理解することは容易ではありません。授乳やオムツ替えからの時間経過，赤ちゃんの顔や身体の動きの様子など，いろいろな情報を利用して原因を推測することが必要になります。

■ リスクのある赤ちゃんの泣き声

　健康な赤ちゃんの泣き声と**ダウン症**の赤ちゃんの泣き声の聞きわけ，あるいは出産時の母体や分娩の状況から高リスクと評価された赤ちゃんと低リスクとされた赤ちゃんの泣き声の聞きわけの場合は，赤ちゃんの養育経験の有無にかかわりなく可能であることが知られています。

　ダウン症児の泣き声は，単調で低ピッチなため，お母さんの注意や養育行動を引きだしにくくさせる傾向があります。また，低リスクの赤ちゃんの泣き声は不快な感じをあたえますが，高リスクの赤ちゃんの泣き声は不快なだけではなく，緊急性を帯びた病的なものに聞こえるようです。高リスクの赤ちゃんの泣き声には，お母さんに特別な対応をうながすような情報が組みこまれているようです。

4．泣きをなだめる

　赤ちゃんの泣き声を聞くと，どうしたのか心配になり，泣きやませたくなります。そんなときには，話しかけたり，抱きあげたり，授乳したりすることになります。こうした行動には，赤ちゃんの泣きをなだめる効果があるこ

とが知られています。赤ちゃんをやさしく揺することも効果的であることが知られています。赤ちゃんを立て抱きにしてリズミカルに垂直方向に揺すると，泣きを抑制して目覚めやすくなります。横抱きにして水平方向にリズミカルに揺すると眠りやすくなります。しかし，けっして強く揺すってはいけません。赤ちゃんの脳を傷つける危険があります。

　お母さんも人間です。赤ちゃんに泣かれても，すぐに対応できないときがあります。時には対応したくないこともあるはずです。それは，どんなお母さんでも経験する，なんでもない出来事です。しかし，赤ちゃんに対応できないときがあることを，非常に気に病むお母さんに出会うことがあります。そんなお母さんへのアドバイスには，**サンダー**（Sander, L. W.）が行った研究が参考になります。

　その研究では，生後10日目まで普通の保育室で担当の保育者を決めずに育てた赤ちゃんを，11日目からは保育能力がすぐれていると評価された2人の保育者に担当させて育てさせました。そして，この2人の保育者が育てた赤ちゃんが泣く時間の長さを比較したのです。この2人の保育者は，自分が一番いいと思う育て方をするように指示されています。

　その結果，赤ちゃんが泣いている時間の長さに2人の保育者のあいだで大きな違いがみられました。一方の保育者に育てられた赤ちゃんの1日あたりの泣く時間の長さは，生後10日目まで集団で保育されたときと変わりませんでした。しかし，もう一方の保育者に育てられた赤ちゃんでは，泣く時間の長さが大幅に減少したのです。

　2人の保育者には保育の仕方に何か違いがあったはずです。どんな違いがあったのでしょうか。4つの保育行動が検討されています。第一は，赤ちゃんをベッドから連れだしている合計時間です。これは2人の保育者に違いはありませんでした。第二は，赤ちゃんが泣きはじめてから保育者が抱きあげるまでにかかった時間です。これには違いがあり，泣く時間が減った保育者のほうが長い時間かかっています。第三に，ベッドから赤ちゃんを連れだした回数です。これにも違いがあり，泣く時間が減った保育者のほうの回数が少ないのです。第四が，ベッドから連れだしている1回あたりの時間です。

これは泣く時間が減った保育者のほうが長い時間連れだしています。

　この結果をまとめますと，泣けばすぐにベッドから連れだしてくれ，その回数も多いけれども，1回に短い時間しか相手をしてくれない保育者より，連れだしてくれるまでの時間が長くかかり，回数が少なくても，1度ベッドから抱きあげればじっくり面倒をみてくれる保育者に育てられた赤ちゃんの泣きのほうが少なかったということです。

　赤ちゃんは，泣いたらすぐに抱きあげ，回数も多く相手をしてくれる保育者より，少し待たされてもじっくり相手をしてくれる保育者のほうが安心できるのでしょう。これは，何も赤ちゃんに限られることではありません。幼児の場合でも，大人の場合でも，じっくり遊んでくれたり，話をよく聞いてくれたりする人と一緒にいるときのほうが気持ちが落ち着くからです。赤ちゃんは，不安定な気持ちで多くの回数いやいやかかわられるより，回数は少なくてもいったんかかわったら丁寧にじっくり相手をしてくれる人と一緒にいるときのほうが安心できるようです。

5．泣きが増える

　赤ちゃんが泣いている時間は，生まれてから次第に増えていきやすいことが知られています。生後2ヵ月ころ，そのピークがやってきます（図3）。また，この時期は，お母さんの育児に対する自信が一時的に低下する時期であることが知られています。ですから，お母さんには赤ちゃんの泣きをなだめられないという**育児不安**が生じやすく，赤ちゃんをうまくなだめられない自分を責めてしまうことがあるようです。

　それでは，なぜ赤ちゃんの泣く時間が増えるのでしょうか。ブラゼルトンは，その理由を次のように論じています。

　生後2ヵ月ころになると，赤ちゃんは目覚めている時間が長くなり，周囲の出来事に注意を向けることが多くなります。自分の身のまわりで起こっている出来事への気づきが鋭敏になり，情報を活発に取り入れることができるようになるのです。また，お母さんとのあいだで，ほほえみや発声をかわし

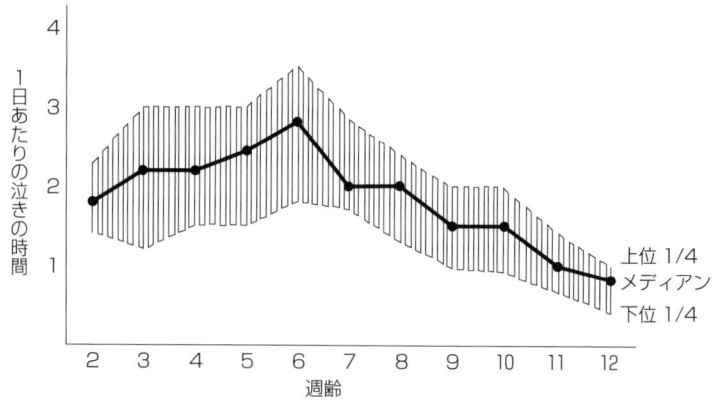

図3 泣いている時間の長さの変化
Brazelton, T. B.: Application of cry research to clinical perspectives. In B. M. Lester & C. F. Z. Boukydis (Eds.): *Infant crying: theoretical and research perspectives.* Plenum, 1985.

ながら,楽しそうにやりとりすることが可能にもなってきます。こうした行動が赤ちゃんに可能になるのは,脳の機能が発達するからです。しかし,その脳は未熟であり,取り入れた情報をまだすばやく処理できません。ですから,過剰な負担を強いられることになります。そのため,脳に疲労が蓄積し,安定した状態を保つ抑制力を失い,泣きが増加すると考えられるのです。

このように外界からの情報を取り入れやすくなった脳は,過重な負担や緊張の蓄積により,柔軟性や抑制力を失います。泣きは適切な働きを失った中枢神経系に由来するのです。そして同時に,泣きには疲労した脳をもう一度もとに修復する働きがあります。ですから,赤ちゃんが泣きやめば,機嫌や反応は劇的に回復することが多いのです。それは,何か仕事にうちこんで疲労し能率が低下したとき,気分転換にお茶を飲んだり,スポーツや趣味といった別の活動をしたりすると,また仕事の能率がよくなるのと同じです。泣きには,脳の混乱した状態をいったんご破算にし,再び適切な状態に回復させる働きがあります。

ですから,この時期に赤ちゃんの泣く時間が増えたからといって,自分の

世話の仕方が悪いせいだなどと思いこまないことです。赤ちゃんにも都合があるのです。赤ちゃんの泣き声を聞いても，その泣きの理由が正確にわかるわけではありません。また，適切に育てれば泣きに困るようなことがないというわけでもありません。

　この**生理的泣き**の増加の時期を過ぎると，次は生後半年ころに泣きが増える時期がやってきます。**人見知り**が生じてくる時期で，**不安による泣き**です。そして，その次が1歳半を過ぎたころにやってきます。いわゆる**反抗期**がはじまる時期で，**自己主張の泣き**になります。泣きは，赤ちゃんが次の段階に大きくステップアップするときに生じやすくなるのです。

　機嫌よく楽しそうに遊んでいることが多くみられるのであれば，泣きが増えるのは次の発達段階へ進む準備をしているのだと考えてさしつかえありません。

6．イライラさせる泣き

　赤ちゃんの泣き声には，お母さんを呼び寄せ，交流をうながす働きがあることを見てきました。このように，お母さんを呼び寄せて親密な関係を築かせる行動を**アタッチメント行動**といい，母子のきずなを強める働きがあります。しかし，泣きにはそれと相反するような特徴もあります。お母さんの気持ちをイライラさせ，怒りや憎しみの感情をつのらせ，泣きから逃げだしたくさせるような働きもあるのです。とくに，激しい泣きが長く続き，泣きやませる方法が見当たらず，お母さんのほうでも疲れ気味で気持ちに余裕がないときにはそうなりやすいものです。

　こんなとき，赤ちゃんが泣いたら自分で上手に泣きやませなければならないとか，うまく泣きやませられないのは母親としての能力に欠けるからだといった自責感がわいてくることがあります。こうした固定観念にしばられると，いつまでも激しく泣き，あやしても泣きやまない赤ちゃんに対して，怒りや憎しみの感情をいだきやすくなります。そればかりではありません。自分の子どもに憎悪の感情をいだくという予想もしなかった事態に直面し，お

母さんは自分をさらに強く責め，母親失格なのではないかと思い，強い自己嫌悪におちいることもあります。

　そうならないために，お母さんに知っておいていただきたいことが5つあります。第一に，赤ちゃんは生後2ヵ月ころには泣きが多くなりやすいこと，第二に，もう1～2ヵ月もすれば，赤ちゃんの脳がさらに発達し，泣きは自然におさまること，第三に，赤ちゃんの過激な泣き声には，お母さんをイライラさせる感情を引きだすような音が含まれていること，第四に，赤ちゃんの過激な泣きに長時間さらされると，お母さんは赤ちゃんに否定的な気持ちをもちやすくなること，そして第五に，そうした否定的な感情をもつことが，お母さんを悪いお母さんにしたり，悪い育て方に直結したりするものではないということ，です。

　赤ちゃんが泣いてお母さんを呼び寄せ，なだめられる経験をすることは，周囲の環境を自分が操作できる**有能感**を赤ちゃんにはぐくみます。それは，人や自分に対する**基本的信頼感**を獲得させる第一歩です。赤ちゃんに対するお母さんの日常的な働きかけが，赤ちゃんの心の発達を支える最大の基盤だということに間違いはありません。

　しかし，お母さんも人間です。人間の心はいつも自分の思うようになるわけではありません。それはお母さんも同じです。お母さんにも休養と，それを可能にさせる身近な人からのサポートが必要です。子育てに完璧を求めてはいけません。**ウィニコット**（Winnicott, D. W.）が強調したように，肩の力を抜き，リラックスして，「ほどほどによいお母さん」でいいのです。

第2章

微笑は心を結ぶ

　赤ちゃんの無垢な笑顔ほど，私たちの心を引きつけ，なごませてくれるものは，そう多くはありません。赤ちゃんがお母さんの顔を見てニッコリほほえんでくれるとき，お母さんは赤ちゃんから何か大切なプレゼントをもらったように感じます。ですから，お母さんも嬉しくなって，思わず知らずのうちにほほえみ返してしまいます。赤ちゃんのはじめての微笑に出会い，今ほんとうに笑ったのかしらと気にかかり，もう一度ほほえんでくれるのを心待ちにされたお母さんもいらっしゃいます。赤ちゃんの微笑には，人の心を引きつけずにはおかない魅力があります。

1．浮かびでるほほえみ

　生まれたばかりの赤ちゃんのほほえみを見たことがありますか。見たことがある人は，きっと赤ちゃんが眠っているときか，それとも，うとうとまどろんでいるときだったはずです。

〔微笑との出会い〕
　赤ちゃんのほほえみをはじめてご覧になったときの体験を，あるお母さんはこんなふうにお話しされました。

「眠っている赤ちゃんの顔を見ていたら，口もとが笑ったように感じました。思わず，『アッ』と声をあげてしまいました。また笑うかなと思って見ていたら，ほんとうに笑ってくれました。とても嬉しく感じました」
　そのときお話しされたお母さんの明るくニコニコした顔が印象に残っています。

　人の赤ちゃんはお母さんのお腹のなかにいるときからほほえんでいます。微笑は誰からも教わることなく，赤ちゃんの顔に自然に芽生える行動です。近年の研究で，微笑はお腹のなかにいるときのほうがむしろ多いということがわかっています。ですから，微笑は予定より早く生まれた赤ちゃんにもみられますし，超音波を使えば胎児の微笑を見ることもできます。そうした研究では，受胎後23週の胎児での微笑が報告されています。私自身が観察したもっとも早期の微笑は，受胎後27週の早期産児でした。予定どおり満期産で生まれた赤ちゃんには，もちろん誕生直後から微笑が出現します。
　こうした微笑を**自発的微笑**といいます。微笑を引きおこす原因が赤ちゃん以外には見当たらないからです。この最初の微笑は，赤ちゃんの身体のなかから自然に生みだされてくるのです（図4）。
　この微笑は古くから知られており，日本ではいろいろな地域で，「神様が笑わせている」というような表現で伝承されてきました。欧米でも同じように「スマイル・オブ・エンジェル（天使のほほえみ）」と呼ばれてきたようです。どちらも，この微笑に何か神秘的なものを感じとったような表現です。赤ちゃんの清純な心からわきでるような笑顔の名前として，自発的微笑という機械的な言い方より心に響くものを感じます。
　この自発的微笑は，赤ちゃんが眠っているときやまどろんでいるときに出現します。満期産で生まれた赤ちゃんの自発的微笑の出現は，生まれて数ヵ月のあいだに次第に減少していきます。しかし，すぐにはなくなりません。生後1年が経過しても出現することがあります。
　睡眠には**レム睡眠**と**ノンレム睡眠**があります。自発的微笑はレム睡眠のときに出現します。レム（REM：rapid eye movement）とは急速に動く眼球運動

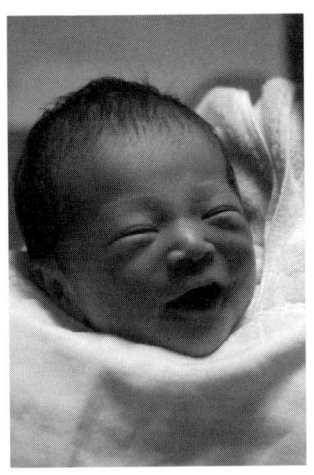
図4　自発的微笑（生後6日）

のことです。レム睡眠では，まぶたの下で急速に動く眼球運動がみられます。しかし，ノンレム（Non-REM）睡眠では，この眼球運動がみられません。レム睡眠では，身体は眠っていますが，脳は活発に活動しています。ですから，目覚めているときのような**脳波**がみられます。脳が活動しているこの睡眠期には，しかめ顔，眉あげ，口すぼめなど，まるで百面相のようにいろいろな表情が出現します。自発的微笑もこうした表情運動の一つです。ノンレム睡眠では身体も脳も眠っており，自発的微笑はみられません。この2種類の睡眠については，次の第3章でくわしく取りあげます。

　まどろみ期の自発的微笑の出現時期には2つの特徴があることが知られています。第一の特徴は，目覚めから眠りに移るまどろみの状態で生じやすいことです。覚醒を維持する脳の仕組みから睡眠を維持する脳の仕組みへと移行するまでには，こみいった調整が必要で，その逆の移行よりも長時間かかることが知られています。自発的微笑は，この脳の体制変動にともなって生じると考えられます。第二の特徴は，まどろみの状態で生じる場合には，開いていたまぶたが閉じられた直後に出現しやすいことです。目があいているときは，目から入ってくる刺激が表情運動の放出を抑制します。しかし，目

が閉じられると，その抑制機能が失われます。そのために自発的微笑やその他の表情運動が出現しやすくなるのだろうと考えられています。

皆さんはご自分の自発的微笑の写真をもっていますか。もっている方はほとんどいらっしゃらないと思います。まれに声を出して自発的に"笑う"こともあるようですが，その多くが，眠ったりまどろんだりしているときに，ほんの一瞬，音もなく風のように過ぎ去っていくはかない現象ですから，写真として残されていないのも無理はありません。

でも，これから親となる方は，ぜひお子さんのこの最初のほほえみを写真にしてあげたらいかがでしょうか。きっと素晴らしいプレゼントになると思います。

2．誘いだされるほほえみ

胎児の時代に発生した自発的微笑は，外の世界とはかかわりなく生じていました。しかし生まれて数ヵ月もすれば，赤ちゃんはしっかり目覚めた状態で，顔を合わせたお母さんに向かってほほえむようになります。つまり，微笑は他者との交流に重要な役割をはたす情動表現としての働きを獲得するようになるのです。では，微笑はいつ，どのようにして外界との交流を可能にさせる窓口をもうけるのでしょうか。

自発的微笑が出現するレム睡眠期やうとうとまどろんでいるときに，赤ちゃんの口もとあたりに指先でそっとさわったり，調子の高い声でやさしく話しかけたりしたときに，微笑が生じることがあります。こうした微笑を**誘発的微笑**といいます。外界の刺激が，はっきり目覚めていない赤ちゃんから微笑を誘いだしたように見えるからです。この誘発的微笑の出現時期を，生後2ヵ月間ほどとする研究者もいれば，生後半年ほど続くとする研究者もいて，まだはっきりしません。また，音刺激に対する誘発的微笑の出現は確かなようですが，接触刺激による微笑は，出現の信頼性が低く，実際には自発的微笑との区別がつかないようです。

誘発的微笑を引きだしやすい音は，おだやかな高い音であることが知られ

ています。とりわけ人の声に対して、すばやくかつ確実に微笑することが知られています。お母さんは赤ちゃんに声をかけるとき、声を高くし、やさしく、しりあがりの調子で語りかけます。それは、赤ちゃんから微笑をもっともよく引きだしやすい音声です。お母さんは赤ちゃんに出会うと、自然にそんな語りかけをします。お母さんは赤ちゃんが機嫌よく反応する語りかけを自然にしているのです。こうした赤ちゃんへの語りかけを**マザリーズ（母親語／育児語）**といいます。

　それでは、外界とのかかわりのなかった自発的微笑と、外界から刺激を受けて発現する誘発的微笑とのあいだにはどのような関係があるのでしょうか。

　赤ちゃんの脳は、胎児期から微笑を出現させる準備を開始させます。そして誕生の直後には、微笑を誘いだしてくれる刺激に敏感に反応するような状態にまで発達するのです。赤ちゃんの脳は、微笑として表現される**情動**を自発的微笑というかたちをとりながら基礎づくりし、その後、外からくる刺激との出会いを引き金に微笑を発現させる仕組みを構築する過程に移行します。なぜなら、胎児は時期がくればお腹の外に生まれでて、その外の世界で生活することが予定されているからです。外の世界で、お母さんと出会い、その関係を深めていかねばならないからです。

　微笑は、お母さんとの関係づくりを円滑に進める有効な道具です。赤ちゃんにはお母さんとの関係を深める仕組みが豊かにそなわっています。微笑もその仕組みの一つにほかなりません。人の赤ちゃんは、お母さんの心と自分の心を緊密に結びつける必要がありました。赤ちゃんの心も身体も、その発達はお母さんとの関係を深めることによって可能になるからです。お母さんとの関係づくりに必要な手段として、赤ちゃんは微笑という顔の形態を選びとってきたのです。

　誘発的微笑は、自発的微笑という自分の身体に深く根づいた微笑の仕組みを基盤にしています。赤ちゃんは人の進化の過程で、お母さんとの関係構築に必要な情動表現である微笑の存在を強固で安定したものにするために、生理的な自発的微笑からはじまるいくつかの微笑段階を獲得してきたのかもし

れません。
　このように，生まれたての赤ちゃんは誘発的微笑というかすかな窓口をとおして，お母さんとのあいだで心と心を結ぼうとしはじめます。そして早くも生後２ヵ月を過ぎるころ，視覚能力の急激な発達と並行するかのように，人の顔を見ながらのほほえみが活発に出現しだすのです。赤ちゃんの微笑の出現メカニズムは，胎児から生後数ヵ月のあいだに，生理的なものから社会的なものへと劇的に変化していきます。

3．心を結ぼうとするほほえみ

　生まれて１ヵ月ほど経過すると，赤ちゃんは次第にお母さんの顔をしっかり見て微笑するようになります。お母さんがうなずきながら話しかけたりするとよくほほえみます。黙ってうなずいたりしても笑顔でこたえます。赤ちゃんはお母さんと顔を合わせた状態で次第によくほほえむようになり，お母さんを赤ちゃんにいっそう引きよせる働きをします。こうした微笑を**社会的微笑**といいます。やがて，声をともなう笑いも増え，お母さんとの関係づくりに重要な役割をはたします。
　赤ちゃんの社会的微笑に出会うと，お母さんは嬉しくなり，赤ちゃんのことがますますかわいくなります。お母さんの目をしっかり見つめ，満面の笑顔を向けてくれるからです。その笑顔には「お母さんが大好き！」という気持ちがこもっています。ですから，お母さんにもますます笑顔が増えていきます。赤ちゃんはお母さんによる感度のよい応答が大好きです。赤ちゃんの微笑に対するお母さんの喜びの感情が，赤ちゃんにも喜びを感じさせ，微笑を生みだし，機嫌のよい赤ちゃんの心をはぐくんでいきます。そして，機嫌よく安定した状態は，赤ちゃんの**探索欲求**を動機づけ，外界に対する注意を能動的にさせます。ですから，機嫌のよさは，赤ちゃんの心の発達を推し進める原動力になっています。
　さて，この社会的微笑，最初は人の声に対して出現しやすいようです。誘発的微笑もそうでしたから，新生児期では目覚めた状態でもまだ音声の影響

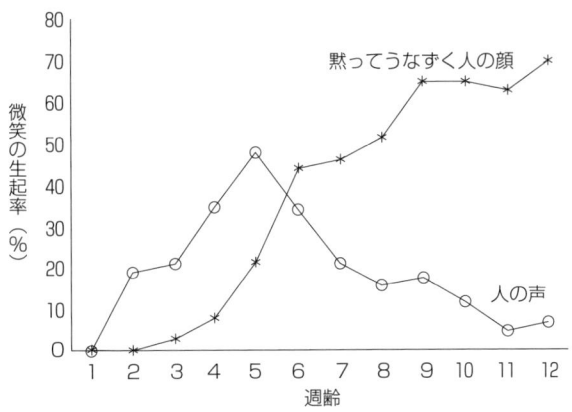

図5 人の音声と顔に対する社会的微笑の生起
Wolff, P. H.: *The development of behavioral states and the expression in early infancy.* University of Chicago Press, 1987.

力のほうが強いのです。しかし，生後2ヵ月以降になると，人の音声の有効性が低下し，顔のほうが有効性を増してきます。図5は人の声と動きをともなう人の顔が，微笑を生起させる程度を比較した**ウォルフ**（Wolff, P. H.）のデータです。

　微笑は，しばらくのあいだ，お母さん以外の人の顔に対してもよく生じます。しかし，やがて親しい人と見知らぬ人の顔を区別しはじめ，お母さんを中心とした親しい人に微笑し，見知らぬ人には微笑しにくくなります。
　こうした顔の区別ができるためには，赤ちゃんの頭のなかに見慣れた人の顔のイメージができていなければなりません。その顔のイメージを比較の基準として使い，赤ちゃんは親しい人の顔とそうではない人の顔とを区別する必要があるからです。見慣れた人の顔のイメージと今見ている人の顔とが一致し，理解できたと感じるとき，赤ちゃんは笑顔を見せるのだと考えられます。一致せず，そのイメージにうまく取りこめないときには，ストレスになって目そらしをしたり，ぐずりだしたりします。また，社会的微笑がはじまったころよりも，しばらくしてからのほうが，赤ちゃんが人の顔を見て微笑するまでにかかる時間が長くなることがあります。最初は，人の顔を見さえ

すればほほえんでいましたが、しばらくして見慣れた人の顔のイメージがしっかりしてくると、出会った人の顔を見て、その見慣れた顔のイメージと照らしあわせる必要が生じるためだと考えられています。さらに発達すれば、見慣れた人とそうではない人の区別が瞬時に可能になり、見慣れた人にはすぐに微笑するようになります。

　生後半年ころになると、人見知りがはじまります。相手と自分の心のなかにしっかりできたお母さんのイメージとが一致しないと、強い不安が生まれる時期を迎えたのです。ちょうどこの時期は、ハイハイなど、お母さんから離れていく運動能力が発達しはじめる時期です。人見知りは、お母さんから離れすぎないように、そして知らない人に連れ去られないように、自分の安全を自分で守ろうとする知恵なのかもしれません。自分が安全でいられる基地を確保しようとするのです。お母さんとの心の結びつきが強くなった証拠です。これは、お母さんに対して子どもが形成させる**アタッチメント**としてのちに論じられる現象です。

4．情動がもつ意味

　赤ちゃんの泣きも微笑も、最初は身体に表現された形態にすぎません。たしかに、その表現の背後には脳という中枢神経系の働きがあるはずです。しかし、そうした働きがあるとはいっても、赤ちゃんに私たちが感じるような悲しみや苦しみ、喜びや楽しみという情動体験があるかどうかはきわめて疑問です。赤ちゃんという心身ともに未熟な存在に、そうした高等な心の働きがあるとは思えません。

　しかしながら、赤ちゃんの泣きが悲しみや苦しみという体験と結びつくことを志向し、微笑が喜びや楽しみという体験と結びつくことを志向するという仕組みは、人の赤ちゃんには早くから心に組みこまれているのだと思います。ですから、泣きや微笑という身体表現がもつ基本的な意味は、世界中のどの地域のどの民族にも共通するものになるのです。それは、人の心がそのように仕組まれているからなのです。人の心は、泣きという身体表現は悲し

みや苦しみと，他方，微笑という身体表現は喜びや楽しみと結びつき，それらが統合されるようにプログラムされているのです。

　では，なぜそうなる必要があったのでしょうか。それは，悲しみや苦しみ，喜びや楽しみを，確実に他者と共有できる仕組みを人は必要としたからだと思います。情動を豊かに表現する身体形態を獲得することによって，人は他者とのあいだで共有する世界をつくりだす足がかりを得たといえるのではないでしょうか。他者とのあいだで共有する世界をもてると確信できること，それが人の社会や文化をこれほどまでに発達させた原動力なのだと思います。

　人の心にはほかの動物にはない多くの特徴がありますが，情動の豊かさもその一つです。情動は多くの動物にそなわる原始的な心の仕組みです。そうした動物たちと同じように，人の心にもこの原始的な情動があります。しかし，それだけではありません。人の心は，その情動をさらに進化させ，もっとも豊かで複雑なものに発展させてきたからです。それは，ほかの動物とはかけ離れたすぐれた特性をもっています。たとえば，微笑はチンパンジーやサルにもあることが知られ，けっして人だけにあるものではありません。しかし，微笑の形態や微笑を使う場面を高度で複雑なものに発達させたのは人だけです。私たちの微笑を考えてみてください。微笑には，楽しさ，喜び，嬉しさはもちろんですが，挑戦，軽蔑，怒り，恐れなど，非常に広い意味が付与されることに気づきます。象は親しい仲間が死ぬと涙を流すと，どこかで読んだ気がします。しかし，悲しみを人のように表現して見せる動物はいないのではないでしょうか。まして，涙を流して悲しんで見せたり，涙をこらえて悲しみを隠して見せたりするという振る舞いをする動物がほかにいるとは思えません。

　一人ひとりは身体という境界によって明確に分離されています。そして，心はその分離した身体のなかにある存在です。しかし情動には，その分離しているはずの心を結びつけ，重ねあわせる不思議な働きがあります。**情動の共鳴現象**といわれるものです。人の心は，この心の共鳴を有効に利用して，他者との複雑なコミュニケーションを可能にさせ，豊かな共有世界を生みだ

してきました。人がことばを獲得し，比類ない文化を発展させてきた原因の一つが，この心の働きだと考えられます。

　人の心がほかの動物にはみられない文化を生みだし継承できるのは，他者の心への気づきと共有が可能になるからだといわれますが，そうした心の働きにも情動の共鳴現象が大きな役割をはたしていると考えられます。人の心は，情動という原始的な働きを，物事の本質を知的に理解する精神機能と効果的に結びつけました。私はその知的働きを**静観能力**と呼んでいます。「情動」という原始的な心の働きと「静観」という高次な精神機能との結びつき，それが人の心をほかの動物にはみられない特殊な心にさせたのだと考えています。

第3章

眠りと目覚めのリズム

　人の生活の基盤は、眠りと目覚めのリズムです。この交互に生じるリズム構造は、誕生直後の赤ちゃんにもそなわっていますが、大人のものとはまったく違います。大人は1日にほぼ1回ずつ眠りと目覚めを経験します。この24時間を周期とするリズムを**サーカディアン・リズム（概日リズム）**といいます。一方、赤ちゃんは1日に何度も眠りと目覚めを繰り返すリズム構造をもち、このリズムは**ウルトラディアン・リズム（超日リズム）**と呼ばれています。

　誕生直後の赤ちゃんには、母体外での出来事との有効なかかわりが乏しいため、眠りと目覚めのリズムは、赤ちゃんの身体に内蔵された**生物時計**によってコントロールされていると考えられます。やがて、地球の自転に由来する昼と夜の交替を基盤にした人の生活がもつリズムになじみ、そのリズムに同調しながら、自らのリズム構造をすばやく変容させていきます。このリズム変容が、赤ちゃんの心の発達を支えています。

1．行動状態

　誕生間もない新生児には組織だった行動などないように感じられます。しかし注意深く見てみると、外部からくる刺激に特有な反応を示したり、一定

した行動を自発的に出現させたりする時期があることに気づきます。そうした時期のことを，行動状態といいます。心理学が人の赤ちゃんに有能な能力がそなわることに気づいたのは，この行動状態の発見が大きく寄与しています。それは半世紀ほど前，つまり20世紀中ごろのことです。それまでは，20世紀前半の代表的な心理学の教科書である『心理学原理』に**ウィリアム・ジェームズ**（William James）が書き記したように，赤ちゃんの行動はでたらめで，自分では何もできず，ゴチャゴチャ／ガヤガヤした混乱きわまりない世界に生きていると考えられていました。**精神分析**の創始者である**フロイト**（Freud, S.）も，赤ちゃんは現実を正しく認識できないと信じていました。ですから，心理学者も，赤ちゃんは無能力で，その行動を研究しても何もわからないと思っていたのです。

しかし，新生児の行動状態の明確な分類が可能であることを示したウォルフらによって，この考えはくつがえされることになります。生まれたばかりの新生児を特定の行動状態で観察すれば，有能な能力が確実に発揮されることが見いだされたからです。たとえば**ファンツ**（Fantz, R. L.）は，静かに目覚めている新生児の目の前に，異なる模様を2つ並べて見せると，その模様の違いがわかり，自分に関心がある模様のほうを長い時間見ようとすることを見いだしました。この研究方法は**選好注視法**として，赤ちゃん研究の代表的な方法として知られることになります。

こうした事実の発見は，人がもつほかの動物にはない不思議な能力の起源を，赤ちゃん時代にまでさかのぼって研究しようとする意欲を心理学者に引きおこすことになりました。科学，医療，教育といった領域で生じた大きな変革の影響を受けながら，赤ちゃんを無能と見る乳児観から，未熟だが有能な存在と見る乳児観へと，心理学者の見方に大きな変化が生じたのです。こうして，幼児と児童，そして青年を対象にしてきた発達心理学は，乳児をその研究対象として取り込む時代を迎えることになります。この意味で，20世紀の半ばは**赤ちゃん発見**の時期だといえるのです。

さて，行動状態と似た概念に，**覚醒**や**興奮**があります。覚醒や興奮は，その程度を高低という連続した量の変化で示すことができます。一方，行動状

表1 行動状態（ステート1〜5）の分類指標
Prechtl, H. F. R., & O'Brien, M. J.: Behavioral states of the full-term newborn. In P. Stratton (Ed.): *Psychobiology of the human newborn*. Wiley, 1982を改変。

	目の開き	規則呼吸	粗大運動	発声
ステート1	−	＋	−	−
ステート2	−	−	○	−
ステート3	＋	＋	−	−
ステート4	＋	−	＋	−
ステート5	○	−	＋	＋

態として分類される時期は，質的に異なり，不連続な現象だと考えられています。行動状態が異なれば，質の異なる反応や自発行動が出現してくるからです。

乳児は幼いほど，生理指標（脳波，心拍など）や行動指標（眼球運動，呼吸など）の相互の結びつきが弱くなります。それゆえ，行動状態を正確に分類しようとして多くの指標を使うと，どの行動状態にも該当しないものが多くなり，混乱してしまいます。こうした問題を回避するために，多くの研究者が適切な指標の選定を試み，行動状態を定義しようとしてきました。

ここでは，行動状態の代表的分類として，**プレヒトル**（Prechtl, H. F. R.）らのものを紹介します（表1）。この分類では，行動状態を5種類にわけるために，目の開き，呼吸の規則性，全身の大きな運動（粗大運動），発声という4つの指標が使用されます。表1にある「＋」は当該の行動がある場合，「−」はない場合，「○」はある場合もない場合もありうることを意味しています。

次に，これら5種類の行動状態の内容を簡単に示してみます。

ステート1（静睡眠）：目を閉じており，四肢を持って動かしてもほとんど抵抗がない。ほぼ一定の時間間隔で，驚いたような全身の反応（自発的スタートル）やリズミックな口唇の運動がみられる。それ以外の運動はほとんどない。顔はリラックスしている。呼吸のリズムは規則的で，振幅は一定している。ノンレム睡眠ともいわれる。

ステート2（動睡眠）：目を閉じており，まぶたをとおしてすばやい眼球の運動が観察される。顔には，微笑，眉ひそめ，口すぼめ，泣きだしそうな顔など，さまざまな表情運動が生じる。四肢を動かすと，ステート1のときより強い抵抗がある。四肢から体幹までの広範囲にわたる運動がみられることがある。呼吸は不規則で，振幅も変化する。短時間の無呼吸期が出現することがある。レム睡眠ともいわれる。

ステート3（静覚醒）：目が開いており，眼球はキラキラと輝くように見える。顔はリラックスしており，身体は静止している。時折小さな運動が生じることがある。呼吸は規則的で，振幅もおおむね一定している。外界を見わたすような眼球の動きがある。

ステート4（動覚醒）：目が開いており，四肢，体幹，頭部を含む運動が，急激に，また頻繁に生じる。うめき声，ぐずり泣きのような音声が出現することがある。顔は身体が動いていないときはリラックスしているが，動きだすと緊張し，泣きそうな顔になることもある。呼吸は非常に不規則である。身体の動きが比較的静かなときには，外界を見わたすように眼球が動くことがある。

ステート5（泣き）：持続的な泣き声がある。ぐずり泣きから大きく叫ぶような泣きまで，その強さはさまざまである。強く泣くときには，身体が大

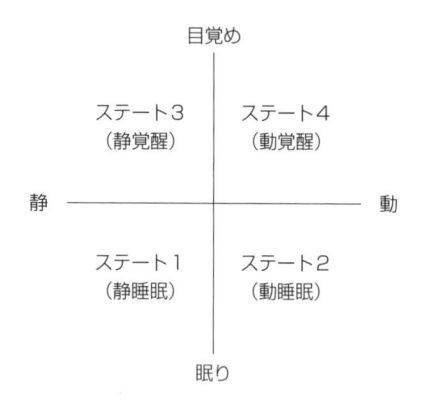

図6 静と動，眠りと目覚めの直行軸による
　　　行動状態（ステート1～4）の分類

きく動いたり，その反対に，身体に力が入り，身動きしなくなったりする。目は開いている場合も，閉じている場合もある。

　これらの5種類の行動状態のなかで，ステート5の泣き以外の4つのステートを見てください。**小嶋謙四郎**は，これらの4つのステートを「眠りと目覚めの軸」，そして身体運動の有無すなわち「動と静の軸」，この2つの軸を直交させてできる4つのセクションに分類しています（図6）。ステート5の泣きは，眠りの状態でも目覚めの状態でも出現しますから，この直行軸の図では分類できません。
　こうした5つの行動状態以外にも，目覚めと眠りの境界に位置する**まどろみ**や，静睡眠や動睡眠に分類できない特徴をもつ**不定睡眠**といった状態が知られています。

2．眠りの世界

　赤ちゃんは1日に何度も眠ります。こうした眠りを**多相性の睡眠**といいます。新生児は，ほぼ3〜4時間眠り，そして短時間目覚めるという睡眠 - 覚醒のリズムを示します。生まれて2ヵ月もすると，昼間に目覚め，夜間に眠る時間が多くなってきます。中枢神経系の成熟と外界からの刺激によって，赤ちゃんの睡眠 - 覚醒のリズムは大人の生活リズムの獲得に向けて発達していきます。学齢期に近づくころには，夜間に眠り，昼間は目覚めるという**単相性の睡眠**に移行します。

〔春ちゃんの眠りの場面〕
　お母さんのお乳をいっぱい飲んだ春ちゃんは，お母さんと少し遊んでもらいました。生まれて1ヵ月ほどになる春ちゃんは，お母さんの顔をしっかり見ながら声を出すこともできるようです。
　しばらくするとうつらうつらとしはじめ，やがて眠ってしまいました。春ちゃんは気持ちよさそうにぐっすり眠っています。顔はリラックスして

おり，少しも緊張した感じはしません。息づかいもおだやかで，一定のリズムを規則的に刻んでいます。時折突発的な動きがある以外，身体には動きがほとんどみられません。ほんとうに安らかな眠りです……

　そうこうするうちに，春ちゃんの様子がみるみる変わってきました。顔が緊張してきています。呼吸も荒くなり，リズムがくずれて不規則になってきました。身体の動きも多くなってきています。手や足に小刻みな動きが頻繁にみられます。緊張感のある顔の表情が多彩に変化し，しかめ顔をしたり，眉をあげてとぼけたような顔をして見せたり，時にはほほえむような表情をするときもあります。口をモグモグさせてみたり，全身を震わせたりすることもあります。春ちゃんの目を見てみると，まぶたの下で眼球が上下左右にさかんに動いていることがわかります。

　このように，眠っている春ちゃんを観察すると，2種類の睡眠が交互に入れ替わるように出現してくることがわかります。前半の眠りがノンレム睡眠（ステート1），後半の眠りがレム睡眠（ステート2）になります。ノンレム睡眠のときに脳波をとると，目覚めているときよりも不活発な波形（徐波）がみられ，脳が活動を弱めていることがわかります。一方，レム睡眠時の脳波には，目覚めているときのような波形があらわれます。ですから，身体は眠っていますが，脳は活発に活動していることがわかります。私たちは眠っているときに夢を見ますが，夢は脳が活動しているレム睡眠のときに見ることが多いのです。

　ロフワーグ（Roffwarg, H. P.）が描いた有名な睡眠の発達曲線をご覧ください（図7）。生まれたばかりの赤ちゃんは，1日の3分の2は眠っています。16時間ほどになります。この眠っている時間の半分がレム睡眠，残りの半分がノンレム睡眠であることがわかります。つまり，レム睡眠とノンレム睡眠がほぼ50％ずつ出現するということです。次第に1日に眠る時間は減っていきますが，それと並行するように睡眠時間に占めるレム睡眠量も減少します。私たち大人では，レム睡眠が総睡眠に占める比率は約20％になります。

　どうして赤ちゃんにはレム睡眠が多いのでしょうか。その理由はよくわか

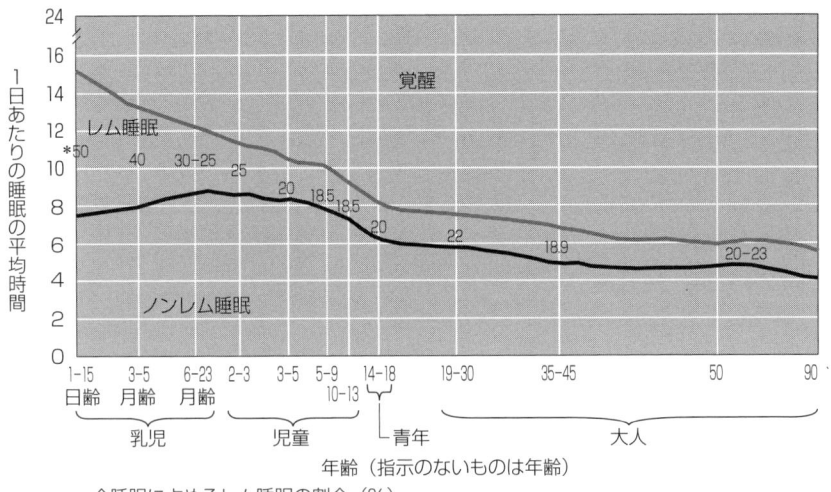

図7 レム睡眠とノンレム睡眠の出現率の推移

Roffwarg, H. P., Muzio, J. N., & Dement, W. C.: Ontogenetic development of the human sleep-dream cycle. *Science* 152: 604-619, 1966 を改変。

っていません。ロフワーグは「赤ちゃんは眠っている時間が長く，外界の刺激を利用しやすい目覚めの時間が短い。脳の発達がもっとも著しい赤ちゃん時代こそ刺激が必要なはずだから，目覚めの時間が短いのは矛盾している。だから，脳は覚醒脳波に近い脳波を出すような活動をすることにより，脳自体の発達に必要な刺激を供給しているのだろう」との見解を述べています。

　また，眠っている新生児の脳は外界からの刺激をシャットアウトしているのではないことも知られています。たとえば，眠っている新生児にことばを語り聞かせ，脳の血流量を測定すると，**言語中枢**が近在する領域で血流が増えることが示唆されています。ことば以外の音に対しては，こうした血流量の増加は生じません。これは，脳が言語音をほかの音と区別し，ことばに対して脳が活発に活動することを示しています。赤ちゃんは目を閉じて眠っていても，外界からの刺激を選別して受けとっている可能性が高いのです。外から見ているかぎり，眠って休んでいるように見える睡眠中にも，赤ちゃんの脳は着々と基礎工事を続けています。

3．目覚めの世界

　赤ちゃんの目覚めの時間は次第に長くなり，昼間に多くみられるようになります。それは，赤ちゃんの成熟とお母さんなどとの交流によって，睡眠－覚醒のリズムが変容するからです。もっとも早期の**社会化**がこうしてはじまります。

　かつてサンダーは，生後3週の新生児を想定して，睡眠から覚醒を経過して次の睡眠へと移る行動状態の推移とお母さんの養育行動との関係を描きだしました（図8）。この図が紹介されることはほとんどありませんが，赤ちゃんの目覚めの世界の出現を理解するにはもっともふさわしいものだと思います。

　中央の太い波線が赤ちゃんの行動状態の推移を示しています。この線の下が赤ちゃん側の要因，上がお母さん側の要因です。上下に向かう矢印は，行動状態におよぼす効果の方向を示しています。上向きは覚醒の方向へ，下向きは睡眠の方向へ向かわせることを意味します。赤ちゃんの目覚めた状態は，赤ちゃんの要因（内的要因）とお母さんの要因（外的要因）とが拮抗しあうバランス関係のなかで出現する現象であることがわかります。けっして赤ちゃん側の働きだけで目覚めた状態が持続するわけではありません。

　太い波線にそって，行動状態の流れを説明してみたいと思います。睡眠から覚醒への移行期である「覚醒初期」を経て，「準備期1」では，赤ちゃん側もお母さん側も赤ちゃんを覚醒の方向に向けるように働きます。その結果，赤ちゃんはうまく目覚めた状態に移行します。お母さんと対面したやりとりが生じる「授乳期」と「社会的交渉期」では，赤ちゃん側では目覚めを維持する方向と眠りに入ろうとする方向がともにみられます。

　一方，お母さんは赤ちゃんとの交流を願い，多彩な働きかけをして，目覚めた状態を維持するように努めます。たとえば，目覚めはじめた赤ちゃんを抱きあげ，目を合わせて身体を軽く揺すったり，頬を指でさわったり，ことばかけをしたり，授乳したりして刺激をします。そこでは，赤ちゃんに対し

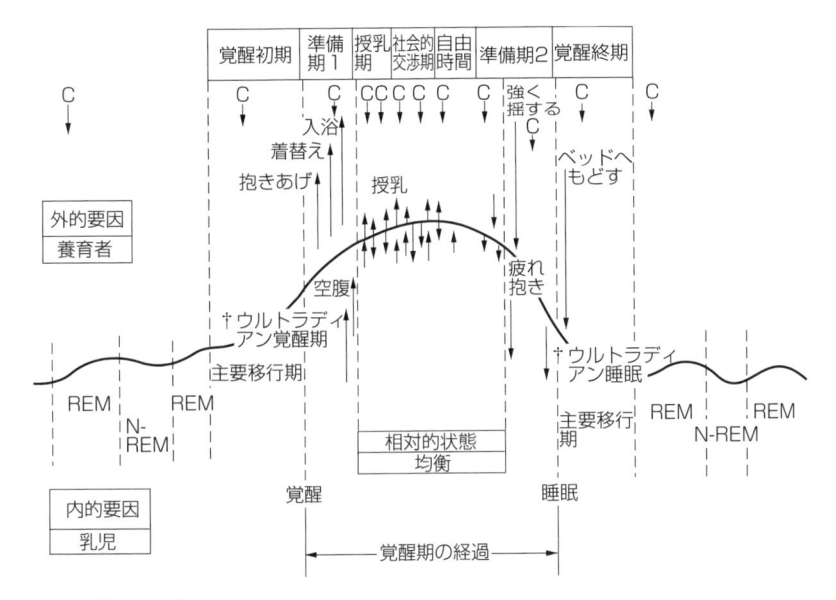

図8 目覚めの発現

Sander, L. W.: The relation of exchange in the infant-caretaker system and some aspects of the context-content relationship. In M. Lewis & L. A. Rosenblum (Eds.): *Interaction, conversation, and the development of language.* Wiley, 1977 を改変。

　て，目覚めた世界でのやりとりを可能にさせるような特徴をもつ刺激が，身体感覚，視覚，聴覚という複数の感覚様相で同時にあたえられています。そして，これらの感覚刺激は同期すると同時に，相互に同じような情動のトーンをそなえてもいます。

　お母さんは赤ちゃんとかかわるとき，こうした重複する感覚様相，つまり**マルチモーダル**な刺激をあたえるのです。このお母さんによるマルチモーダルな表現は相乗効果を発揮し，赤ちゃんの目覚めを維持させる働きを強くもつことになります。また，お母さんからあたえられるマルチモーダルな感覚刺激は，人のかかわりに特有なものであり，ほかの物からは経験することができません。赤ちゃんはお母さんから目覚めを維持され，お母さんとのあいだで情動を共鳴させながら，多くの感覚を同時に刺激される体験を新生児期から積み重ねています。人の赤ちゃんは，お母さんが早期からあたえるマル

チモーダルな感覚を全身で鋭敏にキャッチします。それらの感覚を統合し、自らの注意をお母さんへ焦点化させながら、お母さんという特殊な存在に気づくプロセスを歩みだすのです。この**マルチモダリティ**については、第5章でくわしく取りあげます。

　さて、新生児の覚醒状態は、赤ちゃん側の要因とお母さん側の要因との均衡のもとになりたっていることを見てきました。やがて、お母さんは赤ちゃんの様子を見ながら、働きかけを控えるようになります。お母さんからの働きかけがなくなれば、赤ちゃんはお母さんからの目覚めを維持する支えを失い、眠りの世界に向かいます。それが、お母さんとの積極的なかかわりがみられない「自由時間」になります。赤ちゃんに眠たげな様子がみられるようになると、お母さんの働きかけも赤ちゃんを睡眠の方向に向かわせる特徴をもちはじめます。それが「準備期2」です。そして、お母さんからのかかわりがなくなる「覚醒終期」を経て、睡眠という赤ちゃんが個人で維持する安定した状態に向かうことになるのです。

　このように、目覚めの状態は、新生児期からお母さんとの関係をなかだちにして維持されることがわかります。この目覚めの状態の出現には、**ヴィゴツキー**(Vygotsky, L.) が"精神間から精神内へ"と指摘した精神発達の基本的原理と対応する出来事が生じています。赤ちゃんの目覚めは、新生児期はお母さんからの働きかけに強く支えられていますが、やがてそうした働きかけがなくても、赤ちゃんは自分だけで目覚めを維持できるような能力を獲得していくからです。

　最後に、目覚めの状態の種類が発達的に変化することを指摘しておきます。行動状態のところで紹介したように、新生児の覚醒状態は2種類あります。一つは、身体運動が不活発で、外界の刺激に対して敏活に反応し、運動する物を目で追う**追視行動**が可能な時期です。私はこの状態を**覚醒敏活不活動期**と呼んでいます。プレヒトルの分類ではステート3に該当します。もう一つは**覚醒活動期**といい、身体運動が活発で、外界の刺激に対する反応が乏しい時期です。これはステート4に該当します。

　この2つの覚醒期をよく見ると、顕著な特徴があることに気づきます。そ

れは，新生児の覚醒状態では"身体運動と感覚活動の両立が難しい"という特徴です。新生児は，外界の刺激に敏感に反応するときは身体運動が不活発になります（覚醒敏活不活動期）。そして，身体運動が活発化すると外界の刺激に対して感覚が敏感に反応できなくなります（覚醒活動期）。ですから，新生児の視覚能力を測定するためには，覚醒敏活不活動期にある赤ちゃんを用いる必要があるのです。あるいは，身体運動を抑制するために，全身を布でぐるぐる巻きにする**スウォドリング**という手段を講じ，感覚機能を高めた状態にしてから実験をする場合もあります。

　ただし，口で物を吸う運動である吸啜行動は例外です。新生児は，吸啜の速さを感知して視覚刺激や聴覚刺激を操作できる人工乳首を吸って，視覚刺激や聴覚刺激を選択することができます。ここには運動と感覚の両立が認められます。口は生命維持に直結する栄養摂取のための器官ですが，感覚運動機能でも特殊な働きをしています。口は早期から非常に有能な感覚運動器官であることがわかります。

　やがて新生児期を過ぎるころ，**覚醒敏活活動期**と呼んでいる新しい目覚めの状態が出現します。この状態では，身体の運動が活発に生じると同時に，外界への視覚的探索も十分にみられます。この覚醒状態では運動と感覚が両立するのです。ですから，自分の手を持ちあげて目の前で動かしながら，その手の動きをじっと見つめるといった**ハンドリガード**のような行動が観察されます。**ピアジェ**（Piaget, J.）は，こうした身体の繰り返し活動を**循環反応**と呼んでいます。この循環反応は，運動と感覚の両立を可能にさせた覚醒敏活活動期に支えられて出現してくるのです。

　覚醒敏活活動期の出現によって，赤ちゃんの多くの行動領域で大きな変化が生じます。たとえば，昼間に目覚める時間が増え，鋭敏化した感覚能力や**クーイング**と呼ばれるやわらかな音色をもつ母音を発しながら，お母さんとのやりとりを活発化させます。すでに見てきた泣きや微笑という情動表現にも大きな質的変化が生じます。この新生児から乳児へと大きく変貌する時期は**生物行動学的移行期**とか**２ヵ月革命**と呼ばれています。

第4章

胎児とユニモダリティ

　私が小さなころですから，もう50年以上も前のことになります。近所に住んでいたあるお母さんが赤ちゃんを抱っこしながら，「赤ちゃんは目も見えないし，耳も聞こえないから，何もわからないんだよ」と話していたことを覚えています。赤ちゃんは目をあけていましたが，何かを見ていたり，聞いていたりするようには感じられませんでした。そのお母さんの話を聞いて，そのとおりなのだろうと思いました。ことばのない赤ちゃんの能力がまだ知られていない時代でした。小さな赤ちゃんの心の働きを巧妙な方法を使って科学的に見つけだそうとする研究が活発になりはじめたのは，ちょうどそのころのことです。そうした研究は，人の赤ちゃんがもつ能力の素晴らしさと不思議さを明らかにしてきています。

1．胎児の感覚と運動

　お腹のなかにいる赤ちゃん，つまり胎児の発達は，かつては生存したまま摘出された胎児，あるいは本来ならまだ子宮内にいるはずの早期産児を対象に研究されてきました。近年では，超音波を使って母体内にいる胎児の行動を直接観察することが可能になっています。近年，ようやく明るみに出てきた胎児の発達の概要を見ておきたいと思います。なお，胎児の日齢・週齢・

月齢は，受精後から起算したものです。

(1) 卵体期

　受精卵が子宮壁に着床するまでの2週間を**卵体期**といいます。着床すると，お母さんの栄養豊かな血液に取り囲まれて急速に成長します。卵体期の終わりころ，胎盤が形成され，胎盤と受精卵とのあいだを結ぶ臍帯を経由して栄養分や酸素の供給，老廃物の排泄が行われます。

(2) 胎芽期

　胎芽期とは着床後6週間の時期をさします。身体のあらゆる組織や器官の基盤ができるため，**器官形成期**ともいわれます。中枢神経系の形成がもっとも早くはじまり，3週過ぎには脳が出現します。その直後に，心臓，眼球，耳などが形成され，腕や脚，手や足の指も見分けられるようになります。胎芽期は身体器官が形成されるため，有害物質の影響を受け，奇形発生のリスクがもっとも高い時期です（図9）。胎芽期の最後には，体長2〜3cm，体重4〜5gに成長し，接触刺激に対する身体反応もみられます。口唇部と足裏への接触刺激に対する反応が顕著です。

(3) 胎児期

　胎芽期以降，誕生までの期間を**胎児期**といいます。筋肉が脳の指令を受けて自発的に動きだします。足を蹴り，腕を曲げ，握りこぶしをつくり，手の指を吸うなど，多彩な行動がみられるようになります。自分の運動から発生する**自己受容感覚**や，子宮の筋肉壁との接触に由来する接触感覚には，胎児の発達をうながす働きがあることが示唆されています。肺は呼吸運動のリハーサルのように拡張と収縮をはじめます。心臓の鼓動も強くなり，すでに聴診器で聞けるほどの心音がします。12週までに外性器が形成され，男女の区別ができます。17〜20週でお母さんは胎動を感じます。現在のところ，22週ころが**生存可能胎齢**で，子宮外での生育が可能になります。体重は400gを超える程度です。お腹のなかでほほえむようになるのは，このころになりま

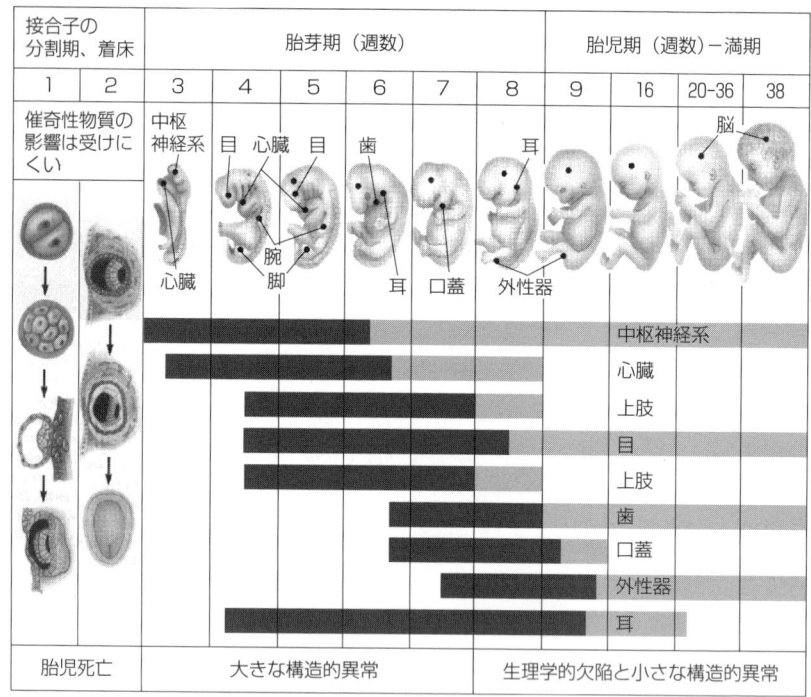

図9 胎児の奇形発生のリスク時期
Berk, L. A.: *Infants, children and adolescents*. Allyn & Bacon, 1999 を改変。

す。

　味とにおいに反応する神経組織は10数週で働きはじめます。胎児は羊水を口から飲みこみ，尿として排泄をすることで羊水を濾過しています。羊水には味もにおいもついていますから，胎児は味もにおいも経験しています。胎児は甘いものを好みます。

　聴覚は20数週を過ぎるころから機能しはじめ，羊水を通ってくる音声を聞くことができます。**ソーク**（Salk, L.）はお母さんの心音に相当する速さのリズム音を聞かせると新生児の泣きが少なくなることを，また**デキャスパー**（DeCasper, A. J.）らは胎児期に読み聞かせられたお話を新生児が積極的に聞こうとすることを報告しています。胎児期に聞いた経験が，こうした新生児

の行動の原因だと断定することはできませんが，その可能性はあります。また，出産予定日近くになれば，お母さんの声を聞いた場合には心拍数が増え，知らない人の声の場合には減ることが知られており，音声を聞きわけている可能性も指摘されています。

　視覚がもっとも遅れて発達します。胎児がどんな視覚経験をしているかはまだよくわかっていません。胎児期の終わりころになれば，お母さんのお腹にあてた強い光に反応した脳活動が生じるという報告がみられます。

2．胎児の奇形発生の原因

　胎芽期を器官形成期ともいい，この時期に奇形が発生しやすいことを指摘しました。そうした奇形を発生させやすい物質を**催奇形性物質**といいます。その有害効果は，摂取量，母子の遺伝素因などにも影響されます。赤ちゃんの生命や発達に大きな影響をおよぼしますので，どんなものがあるか簡単に見ておきたいと思います。

　お母さんが摂取した薬などの化学物質は，胎芽や胎児の血液のなかに流れこみます。お母さんの催奇性薬物の摂取は，赤ちゃんに多くの悲劇をもたらしてきました。たとえば1960年代前半，日本を含む世界各国で鎮痛剤として使用された**サリドマイド**は，**アザラシ肢症**という四肢に重い奇形をもつ赤ちゃんを誕生させました。また成長後には，多くの子どもに知的な遅れを引きおこしました。**コカイン**や**ヘロイン**といった麻薬，**メチル水銀**，**鉛**，**ポリ塩化ビフェニール**なども催奇性のある物質です。

　タバコにも有害な効果があります。タバコに含まれるニコチンが胎盤の働きを弱め，また一酸化炭素が赤血球と結合するため，胎児と母体が利用できる酸素が欠乏するのです。酸素の欠乏は，胎児の身体の成長に悪影響をおよぼします。低出生体重児，流産，呼吸障害，乳児死亡，さらに小児がんの可能性も指摘されています。学童期には，精神遅滞や学習障害といった症状が出現しやすくなります。

　妊婦の**アルコール**摂取が原因で誕生した**胎児性アルコール症**には，中枢神

経系の損傷，身体発育の不全，精神遅滞といった問題が生じます。顔の形態に，広い間隔の両目，少ないまぶたの開き，薄い上唇という特徴があらわれます。妊娠の可能性がある場合は，母乳を授乳しなくなるまでアルコールを避けるのがよいとされています。

　放射線は卵子と精子の DNA を損傷させます。妊娠中に放射線を浴びることで，胎芽や胎児に奇形が発生します。低レベルの放射線を浴びても，小児がんのリスクが高まります。妊娠中はもちろん，妊娠予定の女性も，X 線検査の場合には医師への相談が必要です。

　多くの**ウィルス**が胎盤を通過し，その一部に奇形を生じさせるものがあります。**風疹（三日ばしか）ウィルス**や AIDS（後天性免疫不全症候群）の原因である **HIV（人免疫不全ウィルス）** はそうしたウィルスです。**寄生虫**が原因の**トキソプラズマ病**も胎盤から感染し，奇形を発生させます。

3．ユニモダリティ

　満期産で誕生した赤ちゃんの触覚，味覚，嗅覚，視覚，聴覚といった感覚能力は，誕生直後から働いています。こうした感覚のことを**モダリティ**といいます。ここでは，個々の感覚，つまり**ユニモダリティ**について簡潔にまとめておきます。特定の感覚の情報をほかの感覚とのあいだで共有する働きも知られていますが，このマルチモダリティについては次の第 5 章で扱います。

(1)　触覚能力

　赤ちゃんで最初に発達する感覚は触覚です。とくに口や手が敏感です。新生児に，表面がなめらかなおしゃぶりとでこぼこしたおしゃぶりを吸わせると，吸い方に違いがみられます。また，手にやわらかい物とざらざらした物をあたえると，やわらかい場合は手に力をこめて握り，ざらざらした物には力をゆるめたまま持ち続けるようです。新生児は，すでに物のもつ感触の違いに気づき，その違いに応じた対応をするのです。

第6章で紹介するピアジェが，新生児の感覚−運動的知能の分析に，お乳を吸う**吸啜反射**と，物をつかむ**把握反射**を利用したのは，それらがもっとも有能な感覚運動器官だからです。新生児は痛みにも反応し，顔をしかめたり，泣いたりします。皮膚感覚を刺激することは，赤ちゃんの発達によい影響をあたえます。不安をなだめたり，お母さんとのアタッチメントを形成したりすることにも役立っています。

(2) 味覚能力

　新生児の味覚はよく発達しています。甘味，酸味，塩味，苦味の区別をし，顔に異なった表情があらわれます。甘味に対しては快い表情をし，酸味には口をすぼめ，苦味には眉をひそめます。新生児は甘味を好み，また甘みの違いにも気がつきます。砂糖水の濃度を5％，10％，15％と変化させると，甘みが強いほうで吸う頻度が高くなることが知られています。

(3) 嗅覚能力

　腐った卵のにおいが好きな人はいないと思います。新生児はどうなのでしょうか。新生児も私たちと同じような反応をすることが知られています。バナナやバニラのにおいにはほほえんだりしますが，腐った卵や海老のにおいにはしかめ顔をして見せます。新生児には，大人が新鮮で気持ちよく感じるにおいと，いやな感じがするにおいを嗅ぎわける能力がすでにあるようです。

　マクファーレン（Macfarlane, A.）は，お母さんのにおいのしみこんだガーゼと，未使用のガーゼ（あるいはほかの女性のにおいがしみこんだガーゼ）の一方を，仰向けにされた新生児の顔の左側に，他方を右側にたらしてみました。すると，お母さんの乳房から直接授乳される経験をした新生児では，生まれて1週間もすれば，お母さんのにおいとほかの人のにおいの違いがわかり，お母さんのにおいがする方向に顔を向けるようになることが見いだされました。新生児には，においを鋭敏に弁別する能力と，すばやく学習する能力があることがわかります。

(4) 視覚能力

　かつては，赤ちゃんの目は生まれて1ヵ月ほどしないと見えるようにならないといわれていました。新生児とは視線が合いにくく，目が見えている実感がなかったためです。今では，赤ちゃんの目が誕生直後から見えていることはよく知られています。しかし，どのように見えているかは，まだ研究の途上にあります。

■ 視力

　赤ちゃんの**視力**はいくつかの方法を使って測定できます。ここでは，ファンツによって赤ちゃんに適用された選好注視法と，その結果を紹介します。

　選好注視法では，赤ちゃんの顔から30cmほど離れたところに2つの刺激を並べて見せます。赤ちゃんが一貫して一方の刺激を見つめるけれど，他方の刺激を見つめようとしない，あるいは見つめることが少ないなら，それらを区別していると考えられます。赤ちゃんに左右の向き癖があって一方の刺激を見ている可能性があるため，2つの刺激を左右に入れ替えた条件をもうけるようにします。そして，正面の小さな穴から赤ちゃんの瞳孔を観察し，刺激に向ける視線の方向とその時間を測定します。

　この選好注視法を使って視力を測定するときには，明度を等しくした白黒の縞模様と無地の灰色を対にして新生児に提示します。縞模様と灰色の区別ができると，新生児は縞模様のほうを長い時間見ます。**スレイター**（Slater, A.）によれば，この方法を使って新生児の視力を測定すると，大人のほぼ30分の1になります。その視力とは，腕を前にしっかり伸ばした距離であれば親指に気づける程度のものです。新生児は，人の顔を図10の左のように見ていることになるようです。視力は急速に発達し，生後半年ころには大人のほぼ4分の1になります。新生児には，お母さんの顔とほかの人の顔の違いが認識できるといわれています。

　視覚刺激の変化を検出すると，**視覚誘発電位**といわれる脳波が出現します。この電気的変化を指標として用いると，選好注視法を用いた場合より，高い視力が測定されます。なぜ脳の反応を利用した場合と，視覚運動を利用

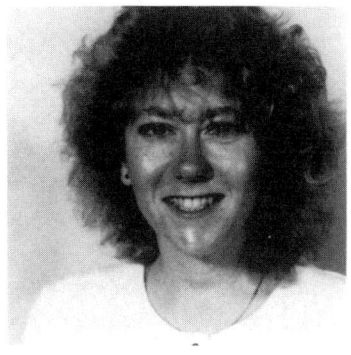

図10 新生児（左）と大人（右）が見た顔の見え方
Slater, A., Riddell, P., Quinn, P. C. et al.: Visual perception. In J. G. Bremner & T. D. Wachs (Eds.): *The Wiley-Blackwell handbook of infant development, Vol. 1: Basic research*. Wiley-Blackwell, 2010.

した場合で違いが生じるか，その理由はまだよくわかっていません。
　視力の発達には，網膜の**中心窩**にある**錐体細胞**の密度の増加が必要になります。

■ 両眼視

　物を両目で見るとき，左右の目の網膜像を視力がもっとも鋭い中心窩に合わせなければなりません。このため，物の距離が違えば，**輻輳角**という両目の視線がつくる角度を変える必要が生じます。物が遠くにあれば，両目の視線はほぼ平行し，輻輳角は０度に近づき，近くになればなるほど輻輳角は大きくなります。この輻輳機能が適切に働かないと，物が二重に見える**複視**が生じ，物のかたちや距離が不明瞭になり，行動が混乱します。
　赤ちゃんの目に接近したり遠ざかったりする物に対する**両眼視**を，新生児，２ヵ月児，３ヵ月児で検討した研究があります。目への近距離が12cm，遠距離が57cmで，軌道上を２種類の速度（22cm/秒と12cm/秒）で移動させていますが，新生児の輻輳機能は一貫性に乏しいこと，２ヵ月児では速度が遅い場合には正確さが増すこと，３ヵ月児では速度が速くなっても正確さが増しますが，まだいつでも正確な両眼視ができるわけではありません。

第４章　胎児とユニモダリティ　　49

■ 周辺視

中心窩に対象を合わせて見ることを**中心視**といい，それ以外の外周部の網膜で刺激を感受することを**周辺視**といいます。周辺視を担当する**桿体細胞**は錐体細胞より解像力に劣りますが，物の運動や変化には敏感に反応します。周辺視で物の存在を感じ，頭や目を動かして中心窩に網膜像を合わせると，物の詳細な理解が可能になります。

赤ちゃんの周辺視能力を検討するために，赤ちゃんが正面にある物を見つめているときに，その横に別の物を提示し，この新たに出された物に視線を移すかどうかを調べた研究があります。その研究によれば，新生児が周辺刺激に気づく範囲はほぼ20度程度しかありません。生後2ヵ月ころから，その角度が次第に広がることが見いだされています。

■ 運動視

新生児は20〜30cmほど離れた物の動きを追うことができます。この**運動視**もしくは**追視**は誕生時からみられ，新生児で運動視がない場合，中枢神経系が損傷している可能性があるとされます。新生児には物の動きを目でスムーズに追うことができません。目の動きが途切れることが頻繁に生じます。運動視がスムーズになるのは，生後2ヵ月後半になります。それも運動速度が遅い場合に限られます。

私たちは光点の運動によって他者の行為を知覚できます。この現象を**バイオロジカル・モーション**といいます。赤ちゃんは，生後3ヵ月から，人が歩いているように見える光点の運動（図11のB）を，静止した光点（図11のA）やランダムに並んだ光点の動き（図11のC）よりもよく見ます。ところが，生後5ヵ月と7ヵ月児では，この効果はなくなるという報告があります。これは，実際に歩いている人を見る経験を重ねて，人のように動く光点もランダムな配置の光点の動きも見慣れないものになるためだろうと考えられています。

最近，生後2日児で，このバイオロジカル・モーション効果が見いだされており，バイオロジカル・モーションの検出は生得的にもつ視覚特性である

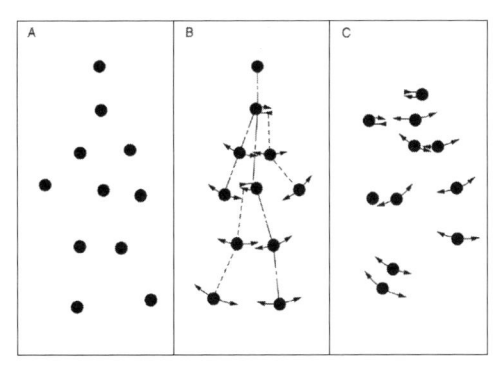

図11 3種類の光点例
（Bがバイオロジカル・モーション）

Slater, A., Riddell, P., Quinn, P. C. et al.: Visual perception. In J. G. Bremner & T. D. Wachs (Eds.): *The Wiley-Blackwell handbook of infant development, Vol. 1: Basic research.* Wiley-Blackwell, 2010.

可能性が指摘されています。

■ **色彩視**

色の知覚は，中心窩とその周囲にある錐体細胞が担当します。新生児を対象にした**色彩視**の初期の研究では，色相によって選好したのか，明るさの影響を受けたのかが不明なデータが多くありました。明るさの条件をコントロールした研究によれば，新生児は灰色と赤，緑，黄の見分けはできますが，灰色と青との見分けはできません。また，2ヵ月児はかなり発達した色知覚能力を発揮しますが，青の区別は完全ではないようです。4ヵ月児になると，色彩視はほぼ大人なみになります。

■ **パターン視**

1950年代からファンツらによって，赤ちゃんの**パターン視**の研究が精力的に行われてきました。その研究で見いだされた重要な知見の一つが，赤ちゃんは新生児期から色より図柄，つまりパターンのあるものを選好するということです。ここでは，その選好の基盤にあるパターン特性について見ていき

第4章　胎児とユニモダリティ　51

ます。

(a) 複雑さ

赤ちゃんは，自分の情報処理能力にふさわしい複雑さや情報量をもつ刺激を選好します。

赤ちゃんには，発達に応じて選好しやすい最適な複雑さの水準があります。最適水準にある視覚刺激は，赤ちゃんの視覚系の発達にもっとも有効な刺激だと考えられています。

(b) 直線と曲線

新生児は，パターンを構成する要素や角の数を等しくすると，直線より曲線でできたパターンを選好します。自然物，とりわけ人の顔を構成する線は曲線ですから，新生児にみられる人の顔への選好にも役立っていると考えられます。

(c) 方向と角度

かたちの知覚の仕方に発達的な変化があることが知られています。図12に

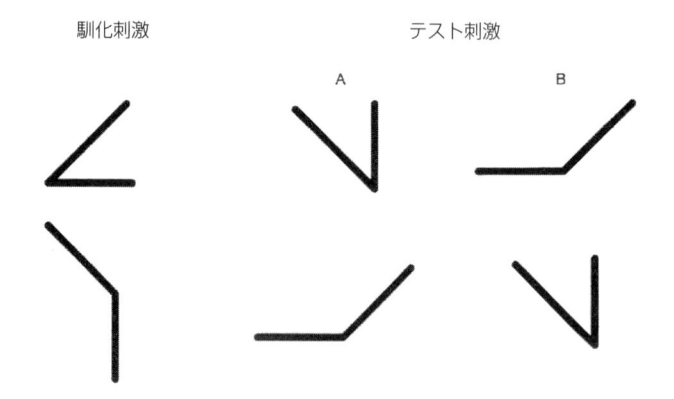

図12 方向と角度からなる刺激
Cohen, L. B., & Younger, B. A.: Infant perception of angular relations. *Infant Behavior and Development* 7: 37-47, 1984 を改変。

あるような図形を対象にして**馴化 - 脱馴化法**［注］を適用した研究があります。**馴化**刺激を繰り返し見せ，それに慣れて見る時間が短くなってから，テスト刺激のAかBのいずれかを提示します。Aは角度が同じですが線の方向は違います。Bは角度が違いますが線の方向は同じです。新たに見せられたAとBが馴化刺激と違うことがわかれば**脱馴化**が生じ，赤ちゃんはその刺激を再び長く見つめるようになります。生後6週の赤ちゃんはBではなくAで脱馴化しました。14週児はその逆の反応をしました。つまり，AではなくBで脱馴化したのです。この結果は，生後6週より幼い赤ちゃんは角度ではなく線の方向を，14週児では線の方向ではなく角度の違いを知覚したことを示しています。ただし，新生児でも角度に慣れさせると，角度の変化に反応するようになるようです。

(d) 内部と外部

新生児に輪郭のあるパターンを見せると，内部にあるものより，輪郭のほうを多く見ることが知られています。人の顔のかたちをしたパターンを見た新生児は，髪のはえぎわやあごの部分など，コントラストの強いところに視線を向けやすいのです。こうした視線の動きと，実際に赤ちゃんが検出する情報には関係があります。

図13のような内部と外部からなる刺激を使った研究があります。馴化刺激を繰り返し見せて慣れさせたあとでテスト刺激を見せると，新生児では外部が変化したテスト刺激には気づき脱馴化しますが，内部が変化しても気づきません。しかし，4ヵ月児では内部刺激が変化しても脱馴化し気づけるようになります。

［注］同じ刺激を繰り返し提示されると，その刺激に対する注意が減少します。これを「馴化」といいます。注意が減少したあとで，新しい刺激を提示します。その刺激が，今までの刺激と違うことに気づけば，また注意が増加します。これを「脱馴化」といいます。注意は，刺激を見つめる時間などによって測定できます。

第4章　胎児とユニモダリティ　53

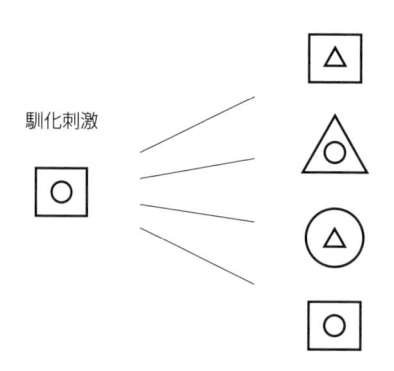

図13 内部と外部からなる刺激

Milewski, A. E.: Infants' discrimination of internal and external pattern elements. *Journal of Experimental Child Psychology* 22: 229-246, 1976 を改変。

(5) 聴覚

　胎児がお腹のなかで音を聞いていることはすでに指摘しました。ですから，新生児は耳でさまざまな音を聞いています。その音のなかでもっとも大切な音。それはお母さんが話しかける音だと思います。この言語音については，第8章で取りあげることにします。

　新生児は音刺激によく反応します。新生児の聴覚閾は，大人より10〜20db 高いといわれています。また，新生児が音刺激に対してほほえむことや，音刺激の強度によって心拍数が変化することも知られています。

　音がくるほうを向くという**音源定位**の能力は，誕生直後からあります。新生児は音源に視覚刺激がない場合でも，確実に音源に向けて顔を回転させることができます。特定の場所から出る音によって聴覚を刺激されると，赤ちゃんはそこに視覚的対象物が存在することを想定するような応答機構を生まれつきもっているようです。こうした音源定位能力は，新生児期を過ぎると一時的に低下し，生後4ヵ月ころに再び出現するとされています。脳の高次化による能力の抑制と再出現のためだといわれます。再出現した音源定位，つまり聴覚と視覚の協応能力は，その基盤が新生児期の音源定位能力にある

ことが推測されます。

　本章では，人の顔に対する視覚能力についてはふれていません。第3章と第8章で取り扱っていますから，そちらをご覧ください。そこには，新生児が人の顔に対して注意を向けやすいことが指摘されています。こうした事実や，本章で見た新生児がもつさまざまユニモーダルな感覚能力を総合すると，人の赤ちゃんの感覚には，人という存在に注意を向けようとする強い傾向があるといえます。私はそれを**人志向性**と呼んでいます。人の世界で生きることを予定されている赤ちゃんは，人がもつ刺激特徴に鋭敏に反応し，人からの情報を能動的に取りこもうとする**制約**をもって生まれてくるのです。赤ちゃんは最初から人との関係を求め，人の仲間入りをし，人からさまざまなことを学ぼうと動機づけられた存在なのです。

第5章

マルチモダリティと運動

　私たちは、物を見れば、その肌ざわりがほぼ自動的にわかります。しかし、さわっていないのに、どうしてさわったときの感じがわかるのでしょうか。視覚情報から触覚による理解が可能になるのはなぜでしょうか。それは、経験から学習したものでしょうか。それとも、生まれつき理解できる仕組みがそなわっているためでしょうか。

　これは心理学が古くから問題にしてきたテーマです。すでに古代ギリシャの**アリストテレス**（Aristotle）が、5種類の個別の感覚（視覚、聴覚、嗅覚、味覚、触覚）モダリティを1つにまとめて統合する意識経験を共通感覚として取りあげ、物の認識にはたす役割を論じています。現代の心理学では、**感覚間知覚**、**複数感覚間重複**、**非様相的知覚**などとして論じられており、今なお謎に満ちた現象として研究されています。ここではマルチモダリティという表現を使用して、赤ちゃんにみられる異なる感覚同士の結びつきについて取りあげます。

1. モリヌークスの問題

　1693年、イギリスの哲学者**ジョン・ロック**（John Locke）は、知りあいのモリヌークス（Molyneux, W.）から、質問を書いた手紙を受けとりました。

そこに書かれていたのが，長く後世まで知られるようになった**モリヌークスの問題**です。このモリヌークスの問題とはどんなものなのでしょうか。

〔モリヌークスの問題〕
　生まれつき目が見えない大人がいます。その人は，手でさわれば，同じ材質のほぼ同じ大きさの立方体と球体の区別ができます。今，その人の目が見えるようになったとします。さて，その人は，先ほどの立方体と球体に手でさわらないで，目で見ただけで，どちらが立方体で，どちらが球体であるか区別できるのでしょうか。

　ロックはどう答えたのでしょう。経験論者であったロックは，区別できないと答えています。なぜなら，知覚的な認識は経験がないところでは不可能だと考えるからです。視覚によって理解し区別するためには，視覚経験が必要とされるのです。視覚的な経験がない人に，視覚を使った区別ができるはずがありません。
　しかし，視覚を使えば区別できると答えた人もいました。たとえば，理性論者であったドイツの哲学者**ライプニッツ**（Leibniz, G. W.）は，目で見ただけで区別できると主張しました。触覚によって得られた立方体と球体の区別は幾何学的な認識をもたらし，この認識は視覚にも適用される理性として働くと考えたからです。
　さて，皆さんは，ロックとライプニッツのどちらが正しいと思いますか。この論争は未解決のまま現代まで続きましたが，それに一定の答えを出したのは，赤ちゃんを対象にした心理学研究でした。人の赤ちゃんにはマルチモダリティ能力が生まれつきそなわる可能性があるようです。

2．マルチモダリティ能力

　高名な発達心理学者のピアジェは，赤ちゃんの視覚，聴覚，触覚といった感覚モダリティを独立したシステムとしてとらえました。ですから，感覚が

結びつくためには身体の活動が必要になるのです。たとえば，見た物に手を伸ばして触れるという経験が，見た物と触れた物とが同じ物だと感じさせるというのです。この考えは，ユニモダリティ的であり，ロックが主張した経験論的な見方になります。

しかし，近年の赤ちゃん研究では，その知覚世界は相互に無関係な感覚の寄せ集めではないことを見いだしてきました。見たり，触れたり，聞いたりするものを，赤ちゃんは分離したバラバラなものとして知覚しているわけではありません。赤ちゃんは，異なる感覚間で情報を共有しあうシステムを生まれつきもっているのです。つまり，ある感覚を使って経験すれば，別の感覚でも利用できる共有情報が生みだされるということです。赤ちゃんは感覚モダリティを超えた統一された世界を知覚するのです。それは，ライプニッツが主張するような知覚の世界になります。

(1) 視覚と触覚

メルツォフ（Meltzoff, A. N.）らは，新生児を暗い部屋に入れ，2種類のおしゃぶり（図14）のどちらかを十分に口でくわえさせ，その後，明るい部屋でその両方を並べて見せています。そして，その2つのおしゃぶりに対する注視時間を測定しました。すると，新生児はくわえたほうのおしゃぶりを長く見つめました。この注視時間の違いは，新生児が，口での触覚情報を，目

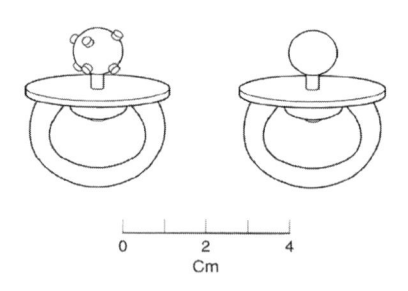

図14 2種類のおしゃぶり
Meltzoff, A. N., & Borton, R. W.: Intermodal matching by human neonates. *Nature* 282: 403-404, 1979.

での視覚的な判断にも利用できる共通した情報に変換したために生じたと考えられます。こうした現象を**情報の転移**といいます。

　新生児の手に円柱と三角錐のどちらかにさわらせて馴化させ，両方の刺激を見せると，さわっていないほうの刺激を長い時間見ることを見いだした研究もあります。これは，新生児が口や手の触覚情報を，視覚も共通して利用できる情報へ置き換えて処理していることを示しています。

　こうした研究は，誕生直後の赤ちゃんの触覚と視覚というモダリティ間での情報共有の可能性を示唆しています。ですから，モリヌークスに問題にされた目の見えない大人の場合と直接対応づけることはできません。しかし，人の心には，非常に幼い赤ちゃんの時代から，ある感覚で理解したことをほかの感覚でも理解できるような共通した情報である**表象**をつくりだす働きがあることを示唆しています。

(2) 聴覚と自己受容感覚

　私たちは身体を動かすと，動いた感覚を筋肉から受けとり，自分の動きを理解できます。ですから，目的に向かう行動が間違った方向に向かわないように調整できるのです。自分の身体やその動きから受けとる感覚を自己受容感覚といいます。

　新生児は音を聞くと，音源の場所や，音源に何があるのか確かめようとするかのように，音のする方向に顔を向けます。それが可能になるのは，音刺激による聴覚反応が，身体の筋肉や関節が動いたときに生じる自己受容感覚と結びつくためです。自己受容感覚が働くので，赤ちゃんは間違えずに音のする方向に顔を向けられるのです。この自己受容感覚は，自分の身体の内部で生じる情報に気づかせます。それは，身体のさまざまな部分のつながりや，そうしたつながりをもつ自分の身体に気づかせる働きがあります。ですから，この音源を定位する反応には，音源と自分との位置関係を理解させる機能があると考えられています。

　また，音源の方向に顔を向ける行動は，音源には目に見える物があることを想定した行動だともいえます。新生児は，音が聞こえれば，聴覚的理解を

するだけでなく，同時に視覚的な情報を受けとろうとする仕組みを即座に働かせるのだといえそうです。そこには，すでに聴覚と視覚のモダリティ間における情報交流のルートが敷かれています。

(3) 視覚と自己受容感覚

　赤ちゃんは，自分の身体から生じる自己受容感覚情報を，他者の身体運動を見て得られた視覚情報と結びつけることが知られています。

　その典型的な現象が**新生児模倣**といわれる行動です。舌だしや開口など，他者の顔の表情を模倣することがよく知られています。新生児の模倣研究で有名なメルツォフによれば，人の行為を見て得られた視覚情報は，複数の感覚によって利用可能な情報である表象として保持されます。新生児模倣が可能になるのは，他者の行為の視覚情報と自らが実行した行為から生じる自己受容感覚情報とを照らしあわせる表象が存在するからだと説明されます。しかし，このメルツォフの説明には，なぜ照らしあわせようとするのかの説明がありません。私は，人の心のもっとも重要な働きの一つである**共有欲求**がその基盤にあるのだろうと考えています。人の心は，最初に，身体形態あるいは身体に反映される情動形態の共有から，共有世界の構築をはじめようとしたのです。表情は情動と関係が深い動作です。

　新生児模倣は，生命をもたない物が行う運動には生じにくいようです。赤ちゃんは，運動に対して反射的に反応するのではなく，人という豊かな生命性を感じさせる対象の動きを模倣しようとする仕組みをそなえています。

　この新生児模倣については，第10章でもう一度取りあげます。

(4) 視覚と聴覚

　お母さんから話しかけられるとき，赤ちゃんは少なくとも音声という聴覚情報と口唇運動という視覚情報に出会っています。どちらの情報も，赤ちゃんの注意を非常に引きつけやすい特徴をもっています。ですから，赤ちゃんはこの異なる情報を鋭敏にキャッチしています。さらに，赤ちゃんがお母さんと出会うとき，情動共鳴による交流が生じます。赤ちゃんは，お母さんと

のあいだで情動的な共有世界をもつことにより，お母さんに対する聴覚や視覚の働きがいっそう鋭敏化します。赤ちゃんにはお母さんにしっかり注意を向け，交流するための多様なチャンネルが開かれます。赤ちゃんの身体は，全身があたかもアンテナのようになって，お母さんからの情報をキャッチしようとするのです。

　お母さんとのこうしたかかわりを十分に体験し，対面的なやりとりが深まりだす生後3ヵ月を過ぎるころ，視覚と聴覚のモダリティ間での情報に新たな結びつきが生じます。赤ちゃんは，人が話す音声と，その音声を出す口の動きとの関係を理解しはじめるのです。

　4ヵ月児が，語音を発する口の動きと実際の語音との対応関係を理解することを示した研究があります。その研究では，[a] を発音するときの口唇運動をする人の顔と [i] を発音する人の顔を横に並べてディスプレイに映しだします。実際に発音はしません。口の動きだけを見せるのです。この映像を見せながら，[a] か [i] のどちらかの音声がそのディスプレイの中央から聞こえてくるように設定します。すると，4ヵ月児はその音声を発声する口の動きをする人の顔のほうを長く見ます。この現象は，ほかの母音や2音節を使った場合でも確認されています。

　赤ちゃんの発声模倣を用いた研究もあります。3〜4ヵ月児を対象に [a] と [u] という母音のいずれかを聞かせます。そして，その母音と同じ音を発音するように大人が口を動かして見せた場合と，別の音を発音するように口を動かして見せた場合とで，赤ちゃんが模倣しやすいのはどちらであるかを検討したのです。すると赤ちゃんは，口の運動と母音が一致する場合に，その母音を発声しやすかったのです。赤ちゃんは，口の動きの形態という視覚情報と，母音という聴覚情報とを照合し，情報間に矛盾を感じないときに，相手との音声を共有しようとする模倣行動が動機づけられたと考えられます。

　最近の研究では，人の顔の情動（幸せ，悲しみ，怒り）の区別も，音声という聴覚情報と表情の変化という視覚情報の両方がある場合に容易にできることが示されています。これも4ヵ月児で可能になるという研究がありま

す。しかし，表情の変化をなくし音声だけで情動表現をした場合には5ヵ月児，また音声をなくし表情という視覚情報だけにした場合には7ヵ月児にならないと区別できません。赤ちゃんが人の情動を理解しはじめる時期には，音声と顔の表情という異なるモダリティが同時に存在することが情動の理解に有効に働くようです。

赤ちゃんは，顔の表情，音声，さらに触覚情報というマルチモーダルな表現に出会うとき，それらを関係づける情報が強調され，情動表現がもつ意味を抽出するようです。それを，それぞれのモダリティに共通する**不変項**ということがあります。

3．運動の発達

生まれて1年のあいだに，赤ちゃんは寝たままの状態から，お座りをし，一人立ちが可能になり，やがて歩きだします。また，物に手を伸ばし，握り，さらに操作するというように，手の動きにも大きな発達的な変化が生じます。こうした運動には，必ず感覚の働きがともなわれます。次に，赤ちゃんの運動発達の概要を感覚と関連させながら見ていくことにします。

(1) 原始反射

反射は一定の刺激に対して自動的かつ瞬時に生じます。赤ちゃんには**原始反射**と呼ばれる行動がそなわっています。

生命の維持に直結する哺乳行動は，お乳を吸う吸啜反射と吸ったお乳を飲みこむ**嚥下反射**に支えられています。これらの反射は胎児にもみられます。頬に物が触れると頭を回転させ口に含もうとする**ルーティング反射**とともに，栄養の摂取だけではなく，情動の調整や発達にも影響する反射です。

新生児の把握反射は非常に強く，物を握らせたまま，その物を引っぱりあげるとぶら下がったまま全身がもちあがってきます。この把握反射は，3ヵ月ほどで自分から意識的に握る行動に置き換わります。

新生児を両脇の下で支え，立位にして，足の裏をテーブルのようなものに

接触させます。そして，その新生児の身体を少し前に傾けると，両下肢を交互に曲げては伸ばす動作を繰り返して前進するような運動を見せます。この反射を**歩行反射**といいます。通常，生後3～4ヵ月で消失します。この消失の原因は，一般には脳の皮質の成熟による抑制が働くためだろうと考えられています。しかし，この反射は消失するのではなく，成熟して重たくなった脚を自分で持ちあげられなくなるためであり，歩行動作をする能力自体は潜在し続けているため，条件さえ整えれば歩行運動は出現し続けるとする研究者もいます。

その他の代表的な反射を3つ紹介します。大きな音や振動に反応して，上肢で抱きつくような大きな動きをする反射を**モロー反射**といいます。足裏の外側をかかとから指へとこすると出現する反射を**ババンスキー反射（バビンスキー反射）**といいます。いずれも神経機能の発達評価に対するすぐれた指標として知られています。**非対称性頸緊張反射**は，赤ちゃんを仰向けに寝かせ，頭を左右のどちらかに向けると，そちら側の腕や足が伸展しますが，他方の腕はひじが曲がり，手が頭の近くにきます。ですから身体が非対称になり，フェンシングの選手の姿勢のように見えます。

(2) **粗大運動の発達**

歩行やボール投げといった身体の大きな筋肉を使った運動を**粗大運動**といいます。この粗大運動の発達は，頭部から下肢に向かって成熟が進行する**頭部－尾部勾配**という法則にしたがいます。ですから全身の運動発達は，最初に首がすわります。次に腰がすわり，生後半年を過ぎるころには支えなしで座れるようになります。ハイハイがはじまり，立ちあがって，つたい歩きをし，一人で上手に歩けるようになるのは，最初のお誕生日を過ぎるころになります。

こうした移動運動の発達は，突然出現するものではありません。それには準備段階があります。たとえば，ハイハイがはじまる前に，足を蹴る運動，足を左右に振る運動，両足をバタバタさせたりペダルを漕いだりするような運動が増えるという報告があります。この**律動的反復運動**といわれる運動に

は，立ちあがる前段階で，足を自分で動かして自己受容感覚を刺激し，足の複数の筋肉システムの協働体制を高次化させる働きがあると考えられます。

　一人で歩けるようになっても，まだ上手には歩けません。歩行が自動化されていないため，自分の足の動きや，自分の足と床との関係を確かめるように，しっかり下を見て歩きます。歩くために両腕でバランスをとる必要があり，肩の近くまで持ちあげます。身体全体の動きから発生する情報をすべて利用しなければ歩けないようです。足は，見えない障害物をまたぐように，高くあげて歩きます。足の動きを確認しながら歩いているようです。

　このように運動の発達の理解には，身体の動きだけを考えればよいのではありません。運動には自己受容感覚情報や視覚情報などの感覚情報が組みこまれているからです。

(3)　**微細運動の発達**

　物に手を伸ばしてつかむといった小さな筋肉を使う運動を**微細運動**といいます。この微細運動の発達は，体幹から指先へと成熟する**中心－末梢勾配**という法則にしたがいます。腕の運動発達を見てみましょう。最初に肩の部分の動きが自由になり，腕を大きく動かします。次にひじの運動のコントロールが可能になり，最後に手の運動が発達します。

　この手の運動にも中心－末梢勾配はあてはまります。小さな物を取ろうとするとき，最初は手のひら全体を使って熊手のようにつかみ取ろうとします。生後半年を過ぎたころのことです。まだ親指が上手に使えません。やがて，親指とその他の指とでつかもうとするようになりますが，人さし指がうまく使えない時期があります。最初のお誕生日が近づくころには，親指と人さし指で上手につまみあげることができるようになります。

　こうした手の把握運動をするためには，把握対象を目で見ることが必要です。目でしっかり物を見て，それがある位置まで正確に手を伸ばし，物の大きさや材質などに合わせて手や指の動きを調整する必要があります。その調整には自己受容感覚が必要なことはもうおわかりだと思います。赤ちゃんは，視覚情報と身体運動に由来する感覚情報を利用して物をつかんでいるの

です。

　この視覚と運動との関係について，次項でもう少し内容を深めてみたいと思います。

(4) 目と手の協応

　仰向けに寝ている顔の前に物を提示すると，生後半年ころの赤ちゃんは物に手を伸ばして上手につかめるようになります。物を目で見て，その距離や場所に自分の手の軌道を合わせながら近づけることが可能になるのです。やがて，物の大きさや形状に合わせて，自分の手や指の動かし方を調整しながら，上手に取り扱うことができるようになります。こうした能力を**目と手の協応**といいます。私たちは，いとも簡単に物の操作ができますから，ほとんど意識することはありませんが，そこでは目からの視覚情報と手の動きから生じる自己受容感覚情報とのあいだで，複雑な調整が行われています。

　生後3ヵ月前の赤ちゃんにさかのぼってみましょう。そのころの赤ちゃんは，見た物にまだ上手に手を伸ばせません。全身に力を入れ，両手を持ちあげようとしますが，手のコントロールがうまくいきません。赤ちゃんの手も親指が手のひらにくっついた握りこぶしの状態が多くみられます。物を上手につかむためには，この親指の緊張がゆるみ，手がしっかり開くことが必要になります。

　やがて，物に向けて手を持ちあげるようになりますが，持ちあげた手に気づくと，物のことなど忘れてしまい，自分の手を動かして見つめだしたりします（ハンドリガード）。物に向けた注意と，自分の手への気づきを両立させながら，物をつかもうとする行動を維持させることが難しいのです。それは言い換えれば，まだ自分の手に対する気づきが乏しい状態だといえます。見えてきたものが自分の手だとしっかりわかるようになってはじめて，見えてきた自分の手を無視できるようになるからです。

　生後半年を過ぎ，お座りがしっかりできるようになると，座った状態で物を手に取り，ぎこちなく遊びだします。新聞紙をあげると，両手でつかみ，グシャグシャにしたり，ビリビリにしたりします。おせんべいをあげると，

手で持って自分で食べます。ガラガラを渡すと，手を振って音を出したり，右手と左手に何度も持ち替えたりし，手とガラガラとの関係を確かめるようにします。こうした行動には，いずれも目と手の協応があり，自分の動作を目で確認しています。それはあたかも，自分と物との関係を知ろうとしているかのようです。

　また，明るいところで音の出る物に手を伸ばして把握する経験をさせた生後半年ころの赤ちゃんに，暗いところでその音だけを聞かせると，同じように手伸ばしをして把握しようとする行動が出現します。赤外線カメラを使った研究によって明らかになっています。これは，音だけによって，目で見た物の存在を予期した行動です。その手伸ばし行動は，明るいところで経験した物の表象を用いた行動です。赤ちゃんは，明るいところで経験した手伸ばし行動の対象になる物との関係を，視覚情報だけではなく，聴覚情報とも結びつけて理解しているということです。

　最初のお誕生日が過ぎると，次第に人さし指の使い方が上手になります。人さし指をピンと伸ばして使えます。たとえば，人さし指を伸ばしてボタンを押しますし，小さな穴に人さし指を入れて，物を取りだそうとします。自分が興味をもった物を，お母さんにも見てもらおうと思って，**指さし**をすることもしはじめます。いずれも物に対してピンと人さし指を伸ばしており，指は同じような形態をしています。

　しかし，指さしは，ボタン押しや物を取りだす動作とはまったく異なります。それは，他者の心を組みこんだ動作です。なぜなら，指さしは自分が見た世界をお母さんとも共有しようとする意図的な動作だからです。他者とのあいだで共有世界をつくりだそうとする行動は，人の心がもつ非常に重要な働きのあらわれです。指さしは，そうした人の心の働きを赤ちゃんが示して見せる典型的な行動です。

第6章

物を知る

　私たちの身のまわりには多くの物があります。赤ちゃんにはこの物の世界がどのように見えているのでしょうか。
　たとえば，よくあるこんな場面を想像してみてください。赤ちゃんとボールで遊んでいたお母さんが，そのボールを「ポン」と言って投げました。すると，転がっていったボールがソファの下に入って見えなくなってしまいました。こんなとき，赤ちゃんはそのボールがどうなったと感じているのでしょうか。見えなくなってしまったボールは，もうなくなってしまったと感じるのでしょうか。それとも見えなくなってしまっただけで，まだソファの下にあると感じるのでしょうか。
　もう一つ，これもよくある場面だと思います。赤ちゃんと積み木で遊んでいたお母さんが，青い積み木を赤い積み木の上に重ねてみました。それを見ていた赤ちゃんは，赤い積み木が青い積み木を支えていると感じるのでしょうか。それとも，2つの積み木が上と下に並んでいるように感じるだけなのでしょうか。

1．ピアジェ理論の位置づけ

　こうした物の世界の仕組みを赤ちゃんはどのように理解しているのか，そ

のことを解明しようとした代表的な研究者がピアジェです。ピアジェは，子どもの認識の発達を解き明かそうとしました。

　ピアジェによる認識の発達理論の土台は生物学にあります。**知能**を生物学的適応の延長と考えているからです。私たちは，知能というとき，頭のなかでことばを使って問題解決をする能力のことを思い浮かべやすいと思います。しかし，ピアジェは，知能のはじまりが赤ちゃんの身体活動にあることに気づきます。そして知能は，最初は身体活動という生物学的側面にあらわれ，それが頭のなかで何かを思い浮かべる表象を用いた認知的側面に移行するのだと主張したのです。

　その主張の背後にあるのが，自分の3人の子どもの観察データでした。ピアジェは実験室という統制された環境ではなく，生活場面で見せる子どもの自発的な行動や一定の刺激に対して生じる反応を観察して，理論化を進めました。この方法は，ピアジェの**臨床法**として知られています。そのデータをフランス語でまとめた3冊の著書は，1930〜40年代にかけて出版されましたが，そこには数々の独創的ですぐれた観察が報告されています。

　ピアジェの理論に対しては，多くの批判的なデータがあります。ここでも，その一部をのちに取りあげます。しかし，多くの批判があるということは，後世の研究者が批判の対象とすべき重要な論点を，すでにピアジェが論じていることにほかなりません。ピアジェが観察した行動とその深い洞察は，今なお研究者に影響をあたえ続けています。それは研究者にさらに深い疑問をいだかせ，まだ見ぬ世界を求めて海図にない海に船出をうながすような理論です。

2．ピアジェ理論の基礎

　ピアジェは，赤ちゃんの知能を**感覚‐運動的知能**と呼びました。それは，言語による知能に先立って，口や手で物に能動的にかかわり，そこで生じる感覚や運動を用いて物の性質や関係を理解する知能をさしています。ピアジェは，知能の発達を，**同化**と**調節**が相互に補いあいながら**シェマ**（英語では

スキーマ）が発達する過程だと考えています。

　シェマとは活動や知識の構造のことです。私たちは頭のなかにこのシェマをもっています。たとえば，皆さんがこの文章の内容を理解するためには，それを頭のなかにもつシェマに取りこむことが必要です。これが同化の働きです。一方，内容が難しくて取りこめないときには，取りこめるようにシェマ自体の枠組みを修正する必要が生じます。この働きを調節といい，シェマが調節されると難しかった内容をシェマに取りこみ理解することができます。何かを理解するときには，この同化と調節が助けあうように働きます。

　ピアジェは，ことばのない赤ちゃんにもこのシェマがあると考えました。ピアジェはシェマが赤ちゃんの身体にあると考えたのです。そのシェマを**感覚－運動的シェマ**といいます。赤ちゃんは，身体にそなわるシェマを使って，物を同化し理解しようとします。それに成功すると，赤ちゃんは物をうまく取り扱えるようになります。しかし，物をうまく取り扱えない場合には，それができるようなシェマになる必要があります。調節はそのために行われます。赤ちゃんは，シェマを調節しながら，物を同化し，一人で操作できるようになろうとします。何度も同じ動作を繰り返しながら，適用範囲の広いシェマをつくりだそうとするのです。そうした繰り返し行動を循環反応といいます。

　赤ちゃんの感覚－運動的シェマの働きを，物を握る**把握のシェマ**を使って説明してみます。新生児には，生まれつき把握反射がそなわっています。運動能力の発達にともなって活動範囲を広げる赤ちゃんは，この把握反射をもとに，次々に新しい物を把握する経験を重ねます。新しい物を把握するということは，それを把握のシェマへ同化したことであり，赤ちゃんはその新しい物がもつ性質を感覚的に理解します。同時に，赤ちゃんはそれぞれの物がもつ性質に合わせて把握の仕方を変化させてもいます。たとえば，物の大きさが異なれば，把握の仕方をその大きさに合わせようとします。そこでは把握のシェマに調節が働いています。

　こうして赤ちゃんの把握のシェマは，さまざまな物に対して同化と調節を繰り返しながらより有効なシェマになり，物の世界の触覚的な知識を広げて

いきます。シェマの単純な調節だけでは対応できない物に出会ったときには，より複雑なシェマや新しいシェマの創出が必要になります。小さな物を手で持って操作するためには，親指などの指先を使うことが必要です。指先をたくみに動かすシェマがない場合には，指先でつまむシェマを新たに創出し，手全体で把握するシェマと協応させることが必要になります。こうした自己調整機能を使って，赤ちゃんは直面する問題を能動的に解決していこうとします。このようにシェマがより有効なシェマの構造を志向する働きを**均衡化**といいます。この働きが知能の発達を推し進めることになります。

やがてこの把握のシェマは，ほかのシェマとも結びつき，「ガラガラに手を伸ばして，把握し，口でなめ，握ったまま手を伸ばし，動かしながら見つめ，振って音を聞く」といった複雑なシェマをつくりだします。こうした違った種類のシェマが組織化されることによって，異なる感覚－運動的シェマが対象物を同時に同化することが可能になります。こうして，個別のシェマによって個々バラバラに理解されていた対象物が，1つに統合された対象物として理解されることになるのです。

ピアジェは，吸啜反射から派生する**吸啜のシェマ**についても論じています。口は赤ちゃんの身体のなかでもっとも発達した器官です。その鋭敏な感覚を使って，赤ちゃんは口で吸う物を区別します。お母さんの乳首からお乳を吸うときと，哺乳ビンについている人工乳首から吸うときとでは，微妙に吸い方が違っています。吸い方を調節しながら，乳首を吸啜のシェマに同化するのです。ガラガラを手で口に運べるようになれば，ガラガラを吸啜のシェマで同化しようとします。しかし，ガラガラは吸ってもお乳が出ませんから，吸啜のシェマを調節する必要が生じます。このとき赤ちゃんの口には，吸啜のシェマから新しいシェマが創出されます。たとえば，ガラガラをなめたり，噛んだりするようになります。なめるシェマ，噛むシェマの出現です。

こうしたシェマ構造の均衡化の働きは，赤ちゃんが乳首とガラガラの違いを口の動きの違いとして理解したことを示しています。ピアジェはここに知能のはじまりを見いだすのです。知能の原点は，違いがわかることにあるか

らです。ある物と別の物との区別ができず，境目のない混沌とした世界しか感じられない心からは，知的な働きは生まれてこないのです。

3．感覚-運動的知能の発達

ピアジェは，誕生から2年間にわたる感覚-運動的知能の発達を，反射行動の段階から表象能力の出現までの6段階にわけています。そこには，赤ちゃんが物との関係をどのように変化させていくかが記述されています。

(1) **第1段階（生後0～1ヵ月）**
赤ちゃんの活動は，吸啜反射や把握反射といった生得的な反射活動に限定されています。この反射行動は遺伝的に物との接触を予定しています。物との接触が反復され，反射活動が繰り返し実行されます。その反復活動で生じる同化と調節のプロセスは，反射をより適応的なシェマとして分化し，安定化させていきます。

(2) **第2段階（生後1～4ヵ月）**
反射活動から分化し，安定したシェマを使った活動を，**第一次循環反応**といいます（図15）。この第一次循環反応では，自分自身の身体活動そのものに関心をもち，その活動が繰り返されます。たとえば，自分の手の動きに気づくと，手を目の前に持ちあげ，手を見ながら動かすことを繰り返します（ハンドリガード）。また，独立していた反射活動が組みあわされてきます。たとえば，物を手でつかみ，それを口にもっていきます。そして，その活動を繰り返します。この活動は反射の制約から解放され，次第に意図的なコントロールが可能になります。

この段階の赤ちゃんにガラガラをもたせると，しきりにガラガラの握り方を変えたり，口に運んでなめようとしたりする振る舞いが観察されることがあります。しかし，赤ちゃんは物に関心を向けて活動を繰り返すのではありません。赤ちゃんは物と一体化した自分の身体活動それ自体に関心があるか

第6章　物を知る　　71

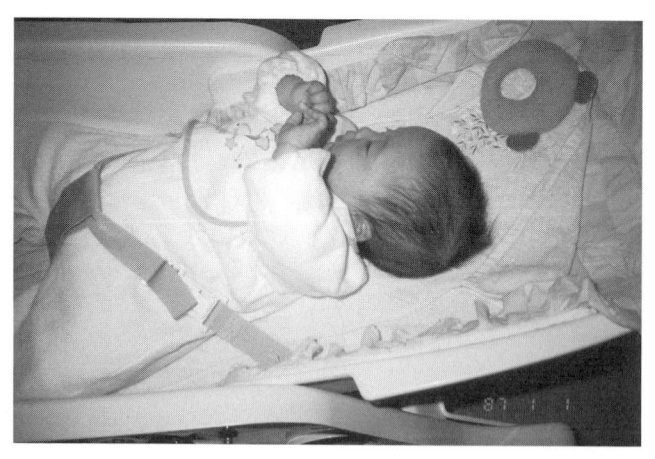

図15 第一次循環反応（3ヵ月児）
両手を握り合せたり、離したり、なめたり、見つめたりを繰り返す。

らです。ですから，こうした物との活動も第一次循環反応とみなされます。

ピアジェは，この段階では，視覚，聴覚，触運動感覚といった感覚は，相互の情報交流に乏しく，個別に働く傾向が強いと考えています。

(3) **第3段階（生後4〜8ヵ月）**

赤ちゃんは，自分の活動が引きおこした環境の変化に関心をもちます。自分ではなく，自分が操作する物の変化が面白くて，活動を繰り返すようになります。この活動のシェマを**第二次循環反応**といいます（図16）。第二次循環反応には，自分の活動と自分の外にある環境とが異なることに気づかせる働きがあります。しかし，その外界の認識には，自分の活動に影響されやすいという傾向が強く残されています。

ピアジェは，こうした傾向を，赤ちゃんが欲しがる物を布で隠すという場面を使って示して見せました。布で隠して見えなくすると，それが手の届く範囲にあっても，赤ちゃんは探せなくなってしまうのです。赤ちゃんは，見ている物には手を伸ばしてつかめますが，手を伸ばして布の下を探そうとはしません。赤ちゃんがかかわれる世界は，見ることのできる世界に限定され

図16 第二次循環反応（6ヵ月児）
ぶら下げられた物に手を打ちつけて動かしたり、握ったり、離したりを繰り返す。

ているようなのです。ピアジェは、この時期の赤ちゃんが認識できる世界は、自分の身体活動と直結しやすいのだと考えました。

　見えなくなった物も存在することの理解を**物の永続性（対象の永続性）**の理解といいます。ピアジェは、布の下に隠されて見えなくなった物を探せないこの時期の赤ちゃんには、物の永続性の理解ができないのだと主張しました。それは、隠した布と隠された物との空間関係の理解ができないということでもあるのです。しかし、このピアジェの主張は、その後、批判されることになります。これについては、次項のピアジェ批判のところで取りあげます。

(4) **第4段階（生後8〜12ヵ月）**

　第二次循環反応が相互に結びついてきます。物とかかわる循環反応同士が協応しますから、手段と目的の分化がはじまります。たとえば、ある物を動かすという目的のために、別の物を手段に使って押すといった行動がみられます。先ほどの物の永続性を例にすれば、隠された物を手に入れるために、

布を取りのけることができるようになります。

　赤ちゃんに隠された物を手に入れる活動が出現するためには，物と物との空間関係の認識が発達し，隠されて見えなくなった物も存在し続けるという理解が必要になります。ですから，この段階の赤ちゃんは自分の生活環境に対する理解が格段に進歩します。しかし，その理解にはなお大きな限界もあります。たとえば，物をAの場所に隠します。赤ちゃんはAで物を探しだすことができます。その後，赤ちゃんが見ているところで，Aから物を取りだしBの場所に隠して見せます。すると，赤ちゃんはBではなくAの場所で物を探そうとするのです。これを**AノットBエラー**（$A\overline{B}$ error）といいます。

　ピアジェは，こうした誤りをするのは，Aの場所で物を探しだすために使った活動を，Bという新しい場所では使えなくなるためだと考えました。赤ちゃんは，課題を新しい場所に移されると，以前にその課題を解決した場所に戻って活動を繰り返そうとするのです。

　この段階の赤ちゃんには表象能力が出現しはじめています。布の下に物が存在し続けることを理解するためには，その物の存在を頭のなかで思い浮かべ続けることが必要だからです。しかし，その表象能力はまだ非常に弱いものです。なぜなら，それは依然として特定の場所での赤ちゃんの活動と結びついているからです。

(5) 第5段階（生後12～18ヵ月）

　赤ちゃんは自分がもっているシェマを調節しながら，物がもつ新しい特性を探しだそうとする活動を活発化させます。こうした活動のシェマを**第三次循環反応**といいます（図17）。この循環反応は調節の働きが強いのが特徴です。

　たとえば，赤ちゃんは物を投げるときの力の入れ方の違いで，その軌道がどう変わるかを確かめるように繰り返し投げることがあります。あるいは，椅子に座った赤ちゃんが，ボールを繰り返し落とす様子を見ていると，少しずつ落とす高さを変えていることがあります。赤ちゃんは落とす高さを変えながら，はずみ方の違いを観察するようになります。物がもつはずみ方の特

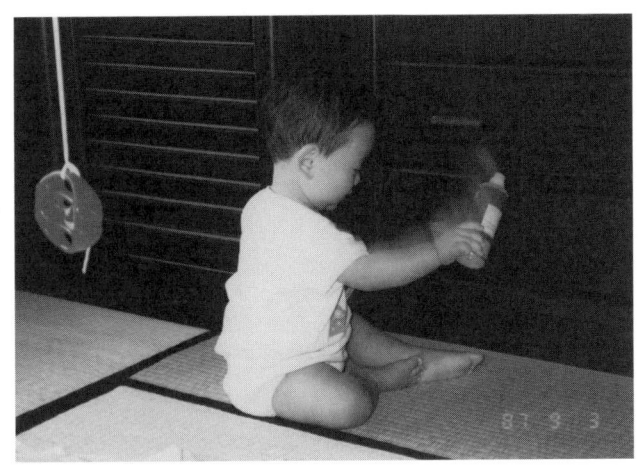

図17 第三次循環反応（12ヵ月児）
持っている物の性質を確かめるように、いろいろなやり方で落とす。

性を探索しているのです。また，落とす高さ（原因）を変えて，はずみ方（結果）の違いを確認していますから，因果関係を身体で理解しようとしているともいえます。

　物の永続性の理解もさらに進みます。第4段階で紹介したAノットBエラーの事態におかれても，Bの場所で隠された物を探しだすことができるようになります。赤ちゃんは，物がどこに隠されても，それがその移動先で存在し続けることや，物は赤ちゃん自身の活動とは独立した場所にあることを理解するようになるのです。

　しかし，この時期の前半では，物の永続性の理解がまだ不完全であることもわかります。それはこんな実験をするとわかります。物を不透明な容器に入れ，それをそのまま布の下に移動させます。布の下で物を取りだして布の下に置き，容器だけを布から取り出して見せるのです。すると，この段階の前半の赤ちゃんは，容器だけしか探そうとしません。物が別の場所に移動するところが見えなければ，赤ちゃんは物の永続性の能力を発揮できないということです。布の下まで探せるようになるのは，この段階の後半になってか

第6章　物を知る　75

らになります。

(6) **第6段階（生後18～24ヵ月）**

　赤ちゃんは，感覚－運動的な活動から切り離されたシェマを心のなかで組みあわせることができるようになります。そのきざしは第5段階で見えていましたが，今ここにはない物や活動を，心のなかで表象としてしっかり思い浮かべることが可能になるのです。ですから，目に見えない物の運動も表象することができ，見えないところで移動した物を探しだすことができます。物の永続性の能力は格段に向上します。

　表象能力がしっかり獲得されると，さまざまな新しい行動が誕生します。たとえば，**延滞模倣**ができるようになります。モデルがいなくなっても，表象能力があればその行為を頭のなかに再現できますから，模倣できるようになるのです。ですから，お母さんがいないところで，お母さんがしているようにお化粧をしてみたくなり，顔中に口紅を塗りたくるようないたずらもはじまります。**ごっこ遊び**や**ことば**の出現も，表象能力がその基盤にあります。

4．ピアジェ理論への批判

　ピアジェが見いだしてきた感覚－運動的知能の発達には，多くの批判があります。ここでは，そのなかから，これまで見てきた「物の永続性」と，新たに「物の支えの直観的理解」について取りあげてみます。

(1) **物の永続性**

　ピアジェは，物の永続性の理解が存在する根拠を，赤ちゃんが見えなくなった物を手で探す行動に求めました。しかし，物の永続性を理解した赤ちゃんは，見えなくなった物を必ず探さなければならないのでしょうか。手で物を探すようになる前に，知覚的なレベルで物の永続性の理解があってもよいのではないでしょうか。

こうした問題意識から，**ベイヤールジョン**（Baillargeon, R.）は，物の永続性についての一連の重要な研究を行いました。彼女は，期待に反する出来事を見ると，赤ちゃんが驚いて注視時間が長くなる現象を利用しました。その代表的な実験である回転スクリーンを使った実験とその結果を紹介します。

　対象になったのは，3ヵ月半と4ヵ月半の赤ちゃんです。どちらの月齢群も同じような結果になっています。図18をご覧ください。左側が実験条件です。この実験条件の手順を説明します。赤ちゃんは馴化場面で，スクリーンが次第にもちあがり，まっすぐに立って，最後に向こう側に倒れるところを見せられます。この180度の回転事態に対して，赤ちゃんはすぐに馴化し，見ようとしなくなります。この時点で，スクリーンの軌道上に箱が置かれます。ですから，スクリーンが回転していくと箱にぶつかり，向こう側には倒れなくなるはずです。図18では，その様子が可能事態として描かれています。もう一つは不可能事態です。ここでは，スクリーンがもちあがり，箱が見えなくなったところで，こっそりとその箱を取り去ります。ですから，ス

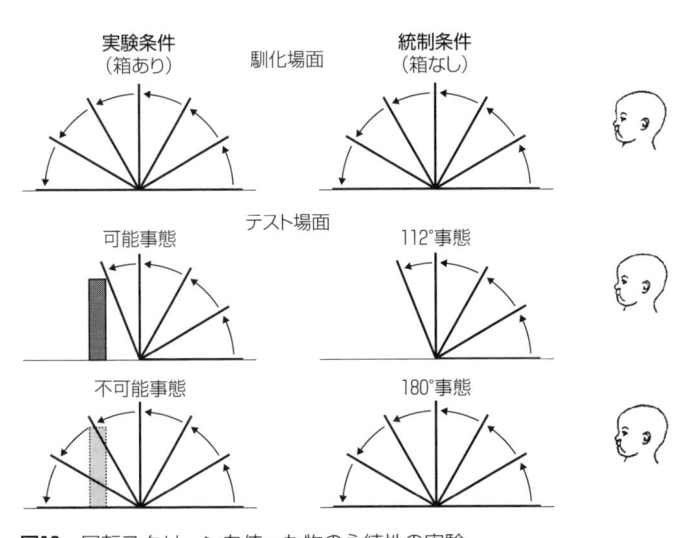

図18 回転スクリーンを使った物の永続性の実験
Baillargeon, R.: Object permanence in 3 1/2 and 4 1/2 month-old infants. *Developmental Psychology* 25: 655-664, 1987 を改変。

クリーンは向こう側に完全に倒れてしまいます。

　赤ちゃんの注視時間を分析すると，不可能事態では可能事態より長く注視することが一貫して認められています。ベイヤールジョンは，スクリーンが箱のあるところで止まらず向こう側まで回転するほうで，赤ちゃんが驚き，注視時間が長くなれば，それは赤ちゃんが箱のところでスクリーンが止まることを予期していたはずだと考えました。そうした予期が可能になるためには，赤ちゃんは，立ちあがったスクリーンで見えなくなった箱が，スクリーンの背後に存在することをわかっていなければなりません。言い換えれば，見えなくなった箱を心のなかで表象している必要があります。それは物の永続性の能力ということになります。不可能事態での注視時間が長くなる背後には，赤ちゃんにこうした能力が存在することを示唆しています。

　しかし，ほんとうにそういえるのか，確認しておかねばならないことがあります。それは，スクリーンが向こう側まで倒れたり，途中で止まったりといったスクリーンの動き自体に，赤ちゃんが反応したのではないかという可能性の有無についてです。この可能性を検討したのが統制条件です。図18の右側に統制条件が描かれています。統制条件では箱を用いていません。しかし，スクリーンの動きは実験条件と同じです。この統制条件で実施すると，スクリーンが向こう側に倒れた場合も途中で止まった場合も，注視時間に違いはありませんでした。ですから，実験条件の赤ちゃんの注視時間の違いは，スクリーンの動き自体への反応ではないのです。

(2)　物の支えの直観的理解

　ピアジェによれば，赤ちゃんが物と物との関係を理解するためには，物を手で取り扱う経験が必要です。ですから，ある物を別の物の上に置いたとき，上に乗せられた物が下の物に支えられていることを理解するためには，物を乗せるという経験が必要になります。しかし，そうした経験をしなくても，赤ちゃんは上に乗せられた物がその位置を保つためには，下の物の支えが必要であることを直観的に理解している可能性が知られています。これもベイヤールジョンらの一連の研究がよく知られています。彼女らによる2つ

|可能事態|

|不可能事態|

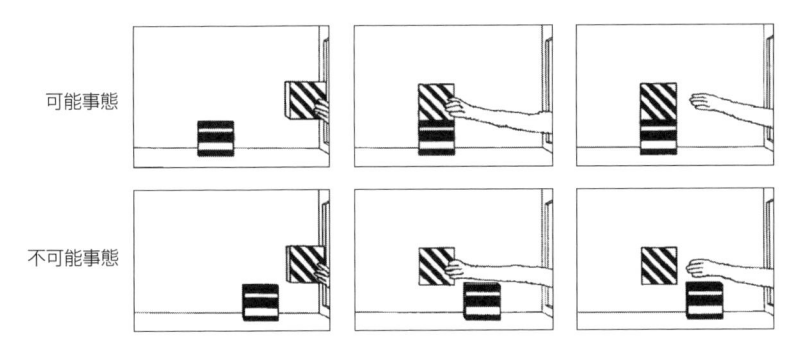

図19 物の支えの直観的理解の実験
Needham, A., & Baillargeon, R.: Intuitions about support in 4.5-month-old infants. *Cognition* 47: 121-148, 1993 を改変。

の実験結果を紹介します。

　最初は，4ヵ月半の赤ちゃんに，人の手が箱を置く場面を見せる実験です（図19）。この実験でも期待に反する出来事が利用され，赤ちゃんが驚いて注視時間が長くなるかどうかを測定しています。可能事態では，右側から箱を持った手が出てきて，別の箱の上に置いて引っこみます。不可能事態では，同じように右側から箱を持った手が出てきますが，別の箱の上を通り過ぎ，箱のないところで手を離します。赤ちゃんからは見えませんが，箱はうしろから支えられていますから，空中に浮かんだ状態になります。そして手は引っこんでいきます。

　この2つの事態に対する注視時間を比較すると，赤ちゃんは可能事態より不可能事態のほうを見る時間が長くなりました。このことは，空中で箱から手を離す不可能事態を見た赤ちゃんは，箱が落ちると思ったのに，そうならなかったので驚いたのだろうと考えられます。これは，統制条件の結果からも裏づけられます。統制条件には，箱の上を通り過ぎてから手を離すと持っていた箱が落ちる場面と，箱の上を通り過ぎても手に持っていた箱を離さないままの場面があります。このどちらの統制条件でも，赤ちゃんは驚かず，注視時間が増えることがなかったからです。赤ちゃんは空中で手を離した物が落下しないことを不思議に感じるようです。

第6章　物を知る　　79

もう一つの実験は，6ヵ月半の赤ちゃんを対象に，注視時間を使った馴化－脱馴化法を適用したものです。ここでは実験の詳細は省き，その概要を紹介します。この実験では，赤ちゃんの前に，台の上に乗った箱があります。この場面が実験の出発点です。

　馴化場面では，台の上に乗っている箱を横から伸びてきた手が押して動かします。台のはしまで動かしていきます。箱が止まったところには下に台があります。この場面を繰り返し見せ，見ようとしなくなるまで馴化させます。

　ここで脱馴化場面になります。脱馴化場面には，可能事態と不可能事態があります。可能事態は，手で押した箱が止まると，その下にはまだ台があります。一方，不可能事態では，手で押した箱が止まると，その下には台がありません。しかし，その箱は空中に浮かんだままの状態になります。赤ちゃんは，不可能事態を見ると驚き，長い時間見つめて脱馴化を起こします。

　こうした研究から，生後半年ころまでの赤ちゃんには，すでに物の背後空間や物の物理的支持に対する理解があると考えられます。それは，ピアジェが想定した時期よりかなり早い時期になります。

　物の永続性と支えの直観的理解について見てきました。赤ちゃんが理解する物の世界についての研究はほかにもあります。赤ちゃんは異なる物をあるクラスに分類するとき，物のどんな特性を利用するのでしょうか。これを認識の**カテゴリ化**の働きといいます。また，子どもは物がいくつあるかわかるようになるのはいつなのでしょうか。この**数の理解**についても，ピアジェの研究以来，たくさんの研究が行われています。赤ちゃんの**記憶**，**模倣**，**言語獲得**などの研究も，ピアジェの研究に刺激されて行われてきました。

　こうした研究は，ピアジェが問題にした身体活動としてあらわれる能力と，知覚レベルであらわれる能力とのあいだに，大きな時間的ズレがあることを見いだしています。この時間的ズレについては，その事実を指摘するだけではなく，そのズレがもつ意味について丁寧に説明することが求められていると思います。

第7章

自分に気づく

　人の心がもつもっとも大きな特徴は何でしょう。それは，自分というものに深く気づけることだと思います。自分というものを，あたかも他者を見るように見つめることができるということです。私たちは自分のことを，やさしい自分，仕事に忙しい自分，身体が丈夫な自分，山歩きが好きな自分などと語ることができます。しかし，自分とは何かと考えるとき，そこには理解できそうで理解しにくい不可解な自分がいることにも気づきます。人間はそういう自分との出会いを繰り返しながら生きています。そこに，人間らしい心の世界が生みだされる理由の一つがあります。

　生まれたばかりの赤ちゃんは，おそらくそんな自分にまだ気づいてはいません。しかし，いつの日か赤ちゃんにも自分に気づく日がやってきます。そのとき，赤ちゃんが気づく自分とは，どんな自分なのでしょうか。赤ちゃんは自分に，いつ，どのように気づいていくのでしょうか。

1．身体に感じる自分

　赤ちゃんは生まれるとすぐに自分の身体を動かします。何度も何度も繰り返し動かします。この繰り返される運動のことを循環反応ということは，前章で紹介しました。ピアジェはこの循環反応を，外界を理解する手段として

とらえました。ここでは，自分を理解する手段として取りあげてみようと思います。

(1) 循環反応

　循環反応というこの繰り返し運動を見ていると，赤ちゃんは身体を動かすことを楽しんでいるように感じます。活動それ自体が快い体験を生じさせるという意味で**機能の快**ということばがありますが，循環反応にも楽しいという情動体験がひそんでいるはずです。そうでなければ，繰り返されるはずがありません。赤ちゃんは，手を口にもっていき，なめることが大好きで，繰り返し行います。脚を蹴るような運動も繰り返し生じます。

　こうした身体の繰り返し運動には，自分の身体に気づくきっかけをあたえる可能性があります。身体を動かせば，赤ちゃんはその動きを自己受容感覚として感じることができるからです。そんな感覚をあたえてくれるものはほかにはありません。赤ちゃんは，身体に特有なその感覚を，動きを繰り返すことで積み重ねていくことになります。

　身体の繰り返し運動がもつもう一つ別の例を，手の活動に見てみます。自分の手が自分の身体にさわるときと，自分の手がほかの物にさわるときとでは，赤ちゃんはまったく違った経験をします。自分の手が自分の身体にさわるときには，「手がさわる」という体験と「手でさわられる」という体験が同時に起こります。この**二重接触体験**は，ほかの物にさわるときにはありません。それは自分の身体をさわるときだけの経験であり，この経験もまた自分の身体に気づかせる働きをもっています。

　たとえば，両手を目の前でつないで，片方の手でもう一方の手の感触を確認しあうような行動があります。**ハンドクラスピング**という行動です。赤ちゃんはそのハンドクラスピングをじっと見ながら，しきりに両手を動かして，感触を確かめます。その両手を口に運んでなめることもあります。そして，また両手を見つめます。そこには，さわる，さわられる，見る，なめるといった身体の感覚運動が凝縮された体験があります。手と口というもっとも鋭敏な感受性をもつ身体部位によるこうした特異な身体活動の繰り返し

は，赤ちゃんに自分の身体に気づかせる有効な働きをしていると考えられます。

　第3章で指摘したように，口は早期から非常によく発達した感覚運動能力をそなえていますが，こうした二重接触体験は，口自身の動きのなかにもあります。舌を動かせば，舌でさわる体験と，舌でさわられる体験が同時に生じているからです。赤ちゃんの身体には，たとえ手がなくても，自分の身体に気づいていけるような強靭で繊細な感受性をそなえた部位が用意されています。

(2) 身体への気づきのきざし

　生まれたばかりの赤ちゃんは，口もとにさわられると，さわったもののほうに顔を向け，それを口に含もうとします。第5章で紹介したルーティング反射という原始反射です。

　生まれて1日も経たない赤ちゃんを思い浮かべてください。手が自然に自分の口もとにさわった場合と，ほかの人がその赤ちゃんの口もとにさわった場合の行動を比べてみます。すると，ほかの人の手がさわった場合のほうが，その手のほうに顔を向ける行動がずっと多く出現することがわかります。また，自分の手が口に近づくと，手が口にさわる直前に口を開くということも観察されます。口は，手がさわる前から，まるで手が口にくることを予期しているかのようです。赤ちゃんには，自分の身体に自分がさわる感覚と，自分の身体に他者がさわる感覚の違いがわかるのです。そして，自分の身体の動き自体にも気づけるということです。ですから，自分の手が口にさわる前に，口をあけて待つことができるのです。

　赤ちゃんは，お母さんのお腹のなかでも活発に動き，指しゃぶりなどもしていることが知られています。そうした経験が，自分の身体とほかの物との区別を生後間もない時期から可能にさせているのかもしれません。

　そして，こうした鋭敏な感覚を身体にそなえる赤ちゃんは，生後3ヵ月を過ぎるころには，循環反応を母体外でも十分に経験しています。ですから，この時期には自分の身体とその動きに対する気づきがさらによくなっている

はずです。

　ロシャ（Rochat, P.）にこんな研究があります。赤ちゃんに脚の動きがよくわかるように白と黒の横にしまが入った靴下をはかせます。その赤ちゃんを仰向けに寝かせます。その脚の動きを，赤ちゃんの顔の上にあるテレビカメラと，足先のほうにあるテレビカメラから撮影します。そして，その2つのカメラで撮影した動画映像をそのままライブ映像としてテレビのディスプレイに左右に並べ，赤ちゃんに見せたのです（図20）。

　すると赤ちゃんは，足先の方向から撮影された映像のほうを長く見ました。どうしてでしょうか。2つともライブ映像ですから，実際の脚の動きとディスプレイ上の脚の動きは時間的にはどちらも一致しています。しかし，脚の動きの方向は2つの映像で異なっています。顔のほうから撮影された映像に見る脚の動きは，赤ちゃんがじかに身体で感じる足の動きと位置や運動の方向が一致します。右脚が右に動けば，映像でも右側にある脚が右に動いて見えます。しかし，足先のほうから撮影された映像では，脚の位置も運動方向も一致しません。右脚が右に動けば，映像では左側にある脚が左に動くように見えるからです。

　赤ちゃんには，なじみがなく奇妙に感じる映像のほうを長い時間見る傾向があります。ですから，足先の方向から撮影された映像を長く見た赤ちゃん

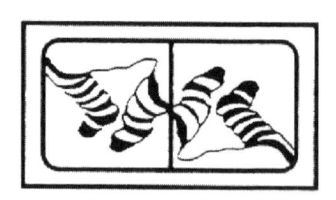

図20　足の動きの選好注視実験

乳児が見ているテレビスクリーン
左側：足先の方向からの映像
右側：顔の上の方向からの映像

Rochat, P.: *The infant's world*. Harvard University Press, 2001（板倉昭二，開一夫訳『乳児の世界』ミネルヴァ書房，2004）を改変。

は，その映像の脚の運動になじみのなさを感じたに違いありません。少なくとも生後3ヵ月を過ぎると，赤ちゃんは自分の脚の動きから直接感じる情報と，テレビに映されたその脚の動きを見て得られる視覚的情報とに気づき，それを比べてそこに生じる違いを検出できるような身体感覚をもつようになっているということです。

　身体で感じるこのような自分は，身体が直接気づくものであって，私たち大人が心のなかで気づいているような自分ではありません。自分の脚が動く映像を見て，動く方向の違いに気づき，映像を見つめる時間に違いが生じることが，その脚が自分の脚だと心のなかで気づいていることを示しているわけではありません。自分を身体で感じるところから，鏡に映った像が自分だと気づくようになるまでには，大きな距離があります。けれども，こうした身体で感じる自分という感覚は，自分という存在に深く気づいていく最初の大切なステップであるように思われます。認知心理学者の**ナイサー**（Neisser, U.）は，この原初的な自己のことを**生態学的自己**と呼んでいます。また，精神分析系の乳幼児精神科医**スターン**（Stern, D. N.）は，**新生自己感**と**中核自己感**という表現であらわしています。

　前章で，赤ちゃんは生後半年までには，物と物との関係に気づいていることを見てきました。しかし，どうもそれだけではないようです。赤ちゃんは，自分の身体内の情報と外界からくる情報とのあいだでも，その関係に気づきながら活動しているようです。

2．鏡に映る自分

　子どもに気づかれないように顔にそっと赤い口紅をぬっておき，鏡を見たときの振る舞いから，その子が自分に気づいているかどうかを調べることができます。子どもの自己意識について調べる方法として有名な**ルージュ課題**です。

(1) **鏡像に対する行動**

このルージュ課題場面を使って子どもの行動を観察した経験があります。鏡に映った「自分」に手を伸ばしながら，「あの子の顔を見て」というようにお母さんのほうを振り返る子がいます。そんな場面を題材にした面白い絵を，子どもの鏡像研究で有名な研究者の一人である**ザゾ**（Zazzo, R.）が紹介しています（図21）。この絵の男の子は，「鏡に映った子」が「自分」だとはまだわかっていません。自分がすることを真似する「知らない男の子」がいると感じているようです。1歳以前の赤ちゃんの鏡像体験はこうしたものだろうと考えられています。

やがて，鏡に映った「自分」を見ながら，自分の顔に向けて指さしをしたり，ぬられた口紅のところをさわって確認しようとしたりする子が出てきます。また，鏡を見たとたんに，恥ずかしそうに顔を手でおおい，「いやー」と言いながら鏡の前から逃げだそうとする子もいます。

図21 鏡像実験の場面の漫画

Zazzo, R.: *Reflets de miroir et autres doubles.* Uneversitaires de France, 1993（加藤義信訳『鏡の心理学—自己像の発達』ミネルヴァ書房，1999）

このように，人の子どもでは，生後２年目の中ごろになると，鏡のほうにではなく自分自身の顔に向けて指さしをしたり，鏡を見ると自分を意識して恥ずかしそうにしたりするようになります。こうした反応は，子どもが「鏡に映った子」が「自分」であること，けれども「ほんとうの自分」は鏡のなかにいるのではなく，「ここにいる自分」だということに気づいていることを示しています。鏡に映った像を見て，それが「自分」だと気づけますから，鏡に映った顔ではなく自分の顔への指さしができるようになるのです。
　こうした行動は人以外ではチンパンジーやオランウータンといった霊長類にもみられますから，彼らには自己意識の芽生えがあるのかもしれません。そのほかの動物，たとえば身近にいる鳥はもちろん犬や猫，そしてサルにもこうした「自分」への気づきを示す行動はみられません。ただし，鏡に映った像を見て，何か動揺したように鏡像から視線をそらせ，鏡から離れようとする行動をすることが知られています。こうした動物は，鏡のなかに知覚した「他者」の振る舞いが奇妙であることには気づけるのです。鏡に映った「他者」には，自発的なコミュニケーションをする気配がなく，自分の行動とまったく同じ行動を繰り返すだけだからです。それは，今まで出会ったことのない「他者」であるに違いありません。
　鏡像をこのように知覚するということは，動物が他者の通常の振る舞い方を知っているということです。他者とは自分に対してどういう振る舞いをする存在であるかに気づいているということです。しかし，他者がいる場所に存在する「鏡像の他者」が，他者とは違うと気づいても，動物にはそれが「自分」だと気づくことができません。鏡像を奇妙だと感じることと，人のように鏡像を「自分」だと気づくこととのあいだには，大きな距離があるのです。

(2) 鏡像を自分と感じる心の働き

　鏡に映った像が「自分」だと気づくことは，簡単なことではありません。それが可能になるためには，自分のなかにある心や，その心がもつ視点を，自分の外側に引き離すという心の働きが必要になるからです。人では，そう

した心の働きが1歳過ぎの子どもですでに可能になります。この心のメカニズムを考えてみたいと思います。

　鏡に映っている「自分」との出会い，それは鏡のなかから自分を見つめている「自分」との出会いです。鏡に映っている子どもは，自分の向こう側にいます。その子がいる場所は，普通は自分とは別の子どもがいる場所です。ですから，自分を見つめる鏡に映った子どもは，絶対に自分ではありえません。自分はここにいるのですから，そこにいるのは自分とは別の子どもでなければならないはずです。ところが，その子は自分と同じ姿かたちをし，自分とまったく同じように動いて見えますから，ほかの子どもではなく自分のように感じられます。そうすると，鏡のなかにあって自分を見つめる子は，「他者でもあり自分でもある」というきわめて矛盾した不思議な存在になります。それは「他者に変身した自分」です。それゆえ，鏡に映ったのが「自分」だとわかるためには，他者とのあいだでいつも体験している位置関係をいったん捨てて，他者の位置にもう一人の「自分」がいることを思い浮かべる心の働きが必要になります。それは，心を身体から離脱させる心の働きです。

　こうした心の働きが可能になったとき，子どもは鏡に映っているのが「自分」だとわかるようになります。鏡に映っているのが「自分」であり，しかし同時にほんとうの自分はここにいるのだとわかりますから，鏡とは逆方向にある自分の顔に向けて手を伸ばし，ぬられた口紅にさわることができるのです。また，ほかの子どもがいるところに突然あらわれた不思議な「自分」に出会ったときに，どう振る舞ったらよいか戸惑い，恥ずかしそうにする子も出てくるのです。それは動物が見せる退避行動と外見は似ていますが，働いている心のメカニズムはまったく違います。人の子どもの行動の背後には，自分自身を鏡のあるところから見る視点，つまり自分自身を自分の外側から見るような視点の獲得があるからです。それは，自分の視点を自分の身体から離れたところに移せる能力を獲得するということです。この能力は，人の心が獲得したきわめてすぐれた能力です。そして，この能力が飛躍的に発達したことにより，人の心はほかの動物とはまったく異なる世界，つまり

自分を意識しなければならない世界を生きなければならなくなったのです。

　人の心は，他者とのあいだで自分がどう振る舞うべきかだけを考えればよい心ではありません。それを社会化というとすれば，人の心には社会化以上の働きがあります。鏡に映る「自分」を自分だと気づける心は，自分と他者との関係のあり方，また自分を見つめる「自分」とのかかわり方を強く意識する視点をもつ心だからです。

3．お母さんの顔に映る自分

　赤ちゃんが見る鏡，それはほんものの鏡だけではありません。ほんものの鏡ではない鏡に出会えるのは，人間の赤ちゃんだけかもしれません。その鏡とはお母さんの顔です。赤ちゃんには，お母さんの顔は鏡のように見えています。ですから，お母さんの顔は**社会的鏡**と呼ばれることがあります。

　お母さんと赤ちゃんが顔を合わせてやりとりしているところを見ると，お母さんが赤ちゃんの顔の表情や声の調子を真似するように応答することがたいへん多くみられます。お母さんは，赤ちゃんの表情や声の調子を赤ちゃん自身に映し返しているようです。お母さんはまるで鏡のように振る舞います。雪ちゃんにお母さんが食事をさせている場面を見てください。

〔雪ちゃんの食事場面〕

　雪ちゃんは 5ヵ月の女の子。ベビーラックにお座りして，ご機嫌な様子です。お母さんがつくっているご飯を楽しそうに待っています。いいにおいがしてきます。

　お母さんはご飯を雪ちゃんの前に置きました。「いただきます」をして，お母さんはスプーンでご飯をすくいました。「雪ちゃん，はい，あーん」と声をかけ，お母さんは自分の口を大きくあけながら，雪ちゃんの息づかいに合わせるようにしてスプーンを口もとにもっていきます。お母さんの顔を見つめていた雪ちゃんも，お母さんのしぐさに巻きこまれるように口をあけました。ご飯を口に含み，ゴックンと飲みこみます。その様子

を見ながら，お母さんも口をモグモグさせ，飲みこむしぐさをおおげさにして見せます。雪ちゃんは，お母さんのそのしぐさから目を離しません。じっと見つめたお母さんのしぐさにつられるように飲みこんでいきます。お母さんの表情やしぐさにあらわれる気持ちが，雪ちゃんの気持ちにしみこんでいくようです。

　雪ちゃんとお母さんとのあいだには，気持ちが通じあうつながりができています。スプーンはその通じあう気持ちの"結び目"にもちこまれます。そのスプーンが自分の近くにくると，雪ちゃんは自然に口をあけ，お母さんの顔を見あげます。お母さんはほほえみながら，「おいしいね。モグモグって。おいしいの。そう。上手に食べて，おりこうさんね……」と，まるでお母さんが雪ちゃんになったような感じで語りかけます。大きな笑顔で，ことばかけに抑揚をつけ，身体全体を使ってうなずいて見せるお母さんを見ながら，雪ちゃんも楽しそうに笑い，声を出し，身体を揺すっています。

　赤ちゃんとお母さんが対面してやりとりするときに起こっていること，その様子を食事の場面を使ってご紹介しました。そこでは，お母さんと赤ちゃんは相手の気持ちに共感しあい，おたがいに模倣をするように振る舞っていることがわかります。そこにはあたかも鏡のような応答がありますから，**鏡映化（ミラーリング）**といわれます。この鏡映化は，赤ちゃんとお母さんの自然な情動の共鳴現象によって生じます。

　お母さんは表情や音声を使って，赤ちゃんの行動を模倣したり気持ちに同調したりします。また，赤ちゃんの行動や気持ちを誇張して振る舞おうとします。赤ちゃんが表現している行動や気持ち，そして情動を，お母さんは赤ちゃんが気づきやすいような表現に整え，さらに強調してフィードバックするのです。お母さんは，眉をあげ，口を大きくあけ，楽しそうな表情で見つめながら，音声のイントネーションも増幅させます。赤ちゃんは，そんなお母さんの顔に注意を強く引きつけられます。スターンは，こうしたお母さんの行動を**情動調律**と呼んでいます。それは，赤ちゃんの行動の形を真似るの

ではありません。赤ちゃんの行動の背後にある情動を表現してみせる行動です。

この鏡映化というお母さんの振る舞いは，赤ちゃんが自分自身では見ることのできない自分の情動や気持ち，そして表情を，お母さんの顔や身体に表現されたものとして見ることを可能にさせます。お母さんとのやりとりで生じる楽しい情動を，自分自身の体験として感じとる前に，お母さんの笑顔や楽しげな語りかけのなかに感じとるのです。このようにして赤ちゃんは，お母さんという他者をとおして，自分に出会います。自分と他者とのあいだでの経験が，赤ちゃんに自分に気づかせる働きをしていると考えられます。

赤ちゃんの自分への気づきにこうしたプロセスが働いているとするなら，そこにもヴィゴツキーが子どもの文化獲得で指摘した"精神間から精神内へ"という発達の原理があらわれています。赤ちゃんの情動は自らの身体から発するものですが，その情動への気づきは，お母さんを経由して生じ，お母さんとの情動的な交流を基盤にして発達します。そして，こうした自分の情動に対する気づきの深まりが，自分自身への気づきを生みだしていくのだと考えられます。

身体で感じる自分から，心で気づく自分への変容は，「生物としてのヒト」から「文化をもつ人」へと変容するためのもっとも重要な現象だと思います。しかし，その変容プロセスはまだほとんどわかっておらず，これからの解明を待たなければなりません。ただ私は，赤ちゃんにそなわる次の3つの能力は，そのプロセスを検討する際に重要になるだろうと考えています。

第一は，「循環反応」という動作の繰り返しです。第二に，赤ちゃんにそなわる豊かな「情動」と，それがもつ他者との「共鳴性」です。そして第三が，事物にひそむメッセージを深く受け止め，その本質に気づこうとする「静観能力」です。動作の繰り返しが引きおこす身体の感覚，その動作がもたらす環境の変化とその動作との対応関係への気づき，お母さんの顔に映しだされる自分への気づきをうながす情動の豊かな共鳴性，そして，そうした出来事がもつ本質を読みとり，その意味を解き明かそうとする静観能力は，

赤ちゃんに自分に深く気づかせ，自分を対象化させる本源的な働きであると思うからです。

「情動」は，身体が相互に自動的に共鳴しあいますから，相手との距離を縮める働きをします。それに対し「静観」は，相手との距離を隔てて，その性質を吟味しようとする働きです。ですから，この2つは相反するもののように見えます。しかし，どちらも事物の本質に無限にせまろうとする心の働きだという点で共通しています。

人の心は，この2つの働きを赤ちゃん時代からきわめて有効なものとして利用させます。それが，人の心をほかの動物の心とは比較にならないほど高次化させ，自分や他者や物に深く気づかせる不思議な心にさせたのかもしれません。人の心は，自分自身を本質にせまろうとする対象の一つにした不思議な存在なのです。

第8章

人と出会う

　人の心がもつもう一つの大きな特徴，それは他者の心に対する気づきの深さです。他者の心に自分の心を重ねて，他者の心の世界を描きだす力，これもまた人の心で大きく発達しました。この能力の発達にともない，人が生活する社会も複雑化しました。社会をつくる動物は人だけではありません。昆虫も，鳥類も，ほかの哺乳類も社会を生みだし，そのなかで役割をはたしながら生きています。しかし，人の社会ほど規模が大きく複雑な仕組みをもつ社会はほかにありません。政治や経済といった社会制度，言語，宗教，道徳，多くの文化財などを継承し発展させる社会は，人に特有なものです。

　人の赤ちゃんは生まれつき他者に鋭敏に反応します。おそらくそれは，こうした複雑な社会に適応するのに必要だったためだと思われます。また，他者を鋭敏にとらえ，深く理解できるようになったがゆえに，その社会はますます複雑化の度合いを高めたのだと考えられます。

1．情動と他者

　人の身体は不思議です。身体は一人ひとり別々のものです。しかし，その身体に境界がないかのように，人は他者の身体とその内部で起こっている出来事を鋭敏に感じとります。それを可能にする心の働きが情動です。情動に

ついては第2章でも取りあげましたが，ここでもう一度考えておきたいと思います。

(1) ワロンの情動論から

情動を他者との関係で論じた人が**ワロン**（Wallon, H.）です。ここではワロンに深く立ちいりませんが，その情動論について少しだけ見てみたいと思います。

ワロンは，従来の個体レベルでの適応論的な情動論を批判しました。情動の本質は，自分と他者とが身体をとおして共鳴しあうことにより，他者との関係を結ぼうとすることにあると主張したのです。情動の共鳴とは，他者の悲しみや喜びの情動表現が，それに出会う者に同質の情動を自動的に発生させることです。そこには，自分と他者の情動的な結びつきが自然に生じます。自分と他者との心が融合した世界が出現するということです。このいわゆる共同心性の出現によって，人は自分の情動体験にもとづいて他者の情動世界に気づくことが可能になります。他者とのあいだで情動によって結ばれた共同世界ができているからです。

しかし，そうはいっても，その気づきはあくまでも自分の情動の体験にもとづくものです。それは，けっして他者の情動それ自体を体験するものではありません。異なる身体に分離された他者の情動の理解は，自分の情動体験によらざるをえないからです。しかし重要なことは，この自分の情動体験が他者の情動とつながっているということです。情動の共鳴に由来する共同心性の存在は，他者の情動理解に有効な基盤として働く可能性があります。

このワロンの情動に対する見方は，赤ちゃんの他者理解のプロセスを考えるうえで非常に重要だと思います。人は身体という明確な境界によって切断されています。その人と人とが，どうして相手の心に接近し，理解しあえると思えるのでしょうか。赤ちゃんはどうしてお母さんの心に気づけるのでしょうか。このことを考えるとき，ワロンの情動に対するとらえ方は有効な視点になると思われます。

(2) 情動による人の理解

　人の赤ちゃんにもお母さんにも敏感に共鳴しあう豊かな情動があります。この情動共鳴により，おたがいの情動が揺すぶられ，相手に注意しかかわろうとする心の動きが生じます。こうした共鳴現象は人とのあいだでしか生じません。

　浜田寿美男は，人がいないところで泣き叫ぶ赤ちゃんの姿を次のように記述しています。その泣き声は空疎に響くのみで，周囲に変化は何も生じません。せいぜい，何事かと様子を見にくる動物がいるくらいです。赤ちゃんの泣き声が有効になるためには，人がいなければなりません。人がいるところで泣くとき，その泣き声は人を呼び寄せ，必要とする世話を受けることができるからです。人がいないところでは，泣き声は激しく響く雷鳴や吹きつける雨音といった物音となんら異なるところはありません。それは微笑も同じです。人がいないところでの微笑は，春風に一瞬揺れる木の葉のそよぎと変わるところがありません。

　泣き声を聞いた人が赤ちゃんの世話をし，微笑を見た人が赤ちゃんにほほえみ返すとき，泣き声と微笑には人とのかかわりをもとうとする意味があらわれます。そして，そうした他者との出会いは，自分の行動に応答してくれる他者への気づきをうながし，やがて赤ちゃんは自分の泣き声や微笑のもつ意味にも気づきだすのです。そして，自らの意志で泣き声をあげ，人との関係づくりを意図してほほえむようになります。

　それは，こんなふうに言い直すことができるかもしれません。情動には，赤ちゃんとお母さんとを結ぶ働きがあるだけではないのです。前章で見たように，赤ちゃんには，情動の共鳴現象や鏡映化によって自分に気づく可能性があります。そこには，結びつけると同時に，その結びつきを切り，自分を浮かびあがらせ，自分に気づくという働きが生じています。そして，自分とお母さんとのつながりのなかで自分への気づきが生じるなら，その気づきをうながすお母さんもまた対象化される機縁がそこに生じるように思われます。こうして，お母さんが対象化されるとき，そこには情動を基盤にした共同心性があるがゆえに，お母さんがもつ心の世界を感じとる手がかりを赤ち

ゃんはもちうることになるのです。

　しかし，このように赤ちゃんがお母さんに気づいていく過程には，もちろん情動だけが働いているのではありません。情動の働きと重なりつつ，異なる心の働きをする感覚運動機能の役割も十分に吟味していく必要があります。これから数章にわたって，赤ちゃんのお母さんへの気づきにかかわる事柄について，現在ある研究を基盤に多様な視点から見ていくことにします。そこでは，循環反応，情動，感覚，静観といった心の働きが織りこまれていくことになると思います。

　〔愛ちゃんとお母さんとの見つめあい〕
　生まれてもう少しで1ヵ月になる愛ちゃんが，お母さんに抱かれています。今までは，お母さんは愛ちゃんと目が合いにくいと感じていました。しかし，今日は違います。愛ちゃんはお母さんの顔をじっと見つめています。お母さんは嬉しくなって，「あら，今日はお母さんの顔をよく見るのね。お母さんだってわかったの。そうなのー。いい子ね」と笑顔で語りかけます。すると愛ちゃんは，全身に力をこめ，お母さんの顔をさらにしっかり見つめて，「ウクー」とはじめて声を出しました。お母さんは目を丸くして，「お話もできるなんて，すごいねー」と話しかけます。

　こんな場面を，人のお母さんと赤ちゃんは古くから幾度となく繰り返してきました。しかし，愛ちゃんは，お母さんから何を感じているのでしょうか。お母さんの顔をどのように見ており，お母さんの声をどのように聞いているのでしょうか。愛ちゃんは，お母さんとどんな出会いをし，どんな世界に生きているのでしょうか。
　人は半世紀ほど前まで，こうした疑問に答える科学的なデータをほとんどもっていませんでした。近年，赤ちゃんを対象にした心理学研究が，その謎の解明を進めており，赤ちゃんの心の世界が客観的なデータとして示されてきています。

2．人との出会いを求める心

人と出会うためには，人に気づく必要があります。その働きをする最初の入り口が感覚です。人と出会ったとき，赤ちゃんの感覚はどのように働くのでしょうか。ここでは，赤ちゃんの耳と目の働きを取りあげてみたいと思います。なお，感覚については第4章と第5章でも取りあげていますので，そちらもご覧ください。

(1) 人のことばを聞こうとする耳

赤ちゃんの耳にはいろいろな音が聞こえてきます。ですから，赤ちゃんがことばを理解するためには，人の音声とその他の音の区別が必要になります。それだけではありません。人の音声自体がさまざまで，話す速さ，アクセント，声の高低など，多くの違いがあります。ですから，ことばを理解するためには，こうした雑多な種類の音を瞬時に聞きわける能力も必要になります。

■ 音声の聞きわけ

1970年代初頭，**アイマス**（Eimas, P. D.）らは子音 [b] と [p] を使って，新生児に**音声のカテゴリ知覚**があることを報告しました。新生児は，[ba] と [pa]，[da] と [ta]，[ga] と [ka] といった類似する**音節**を，別々のカテゴリにわけて聞いているのです。この能力は母音でもみられます。また，この聞きわけは母語とは無関係であることも知られています。

ここでは，音声のカテゴリ知覚について，アイマスらが最初に検討した子音 [b] と [p] を例に説明します。

私たちは，[b] 音と [p] 音の聞きわけを，音声開始時間，つまり口唇の開放から声帯が振動するまでの時間の違いによって行っています。その時間が25mm/秒以下の場合には [b]，25mm/秒以上では [p] としてカテゴライズされます（図22）。アイマスらは，この子音 [b] と [p] に母音 [a] を組みあわせ

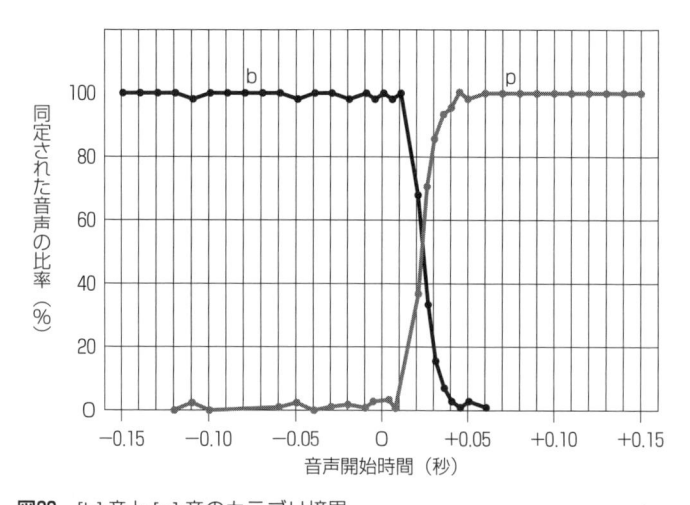

図22 [b] 音と [p] 音のカテゴリ境界
Miller, G. A.: *The science of words*. Freeman, 1991（無藤隆ほか訳『ことばの科学―単語の形成と機能』東京化学同人，1997）

た [ba] と [pa] を合成し，一定以上の強さの吸啜を一定率以上するとこれらのいずれかの音が聞こえてくる人工乳首を新生児に吸わせました。

新生児は簡単にこの関係を理解し，たとえば [ba] を繰り返し聞こうとして吸啜をさかんに行います。しかし，やがて馴化が生じ，吸啜率が低下します。この時点で，今度は [pa] を聞かせたのです。もしも新生児がその [pa] を今まで聞いていた [ba] とは違う音として聞きとれば，脱馴化が生じ，再び吸啜率が増加するはずです。こうした巧妙な実験によって，アイマスらは新生児に脱馴化が生じることを見いだしました。もちろん，新生児にはことばの意味はわかりません。しかし，この音声のカテゴリ知覚は，話しことばの獲得に非常に有利なセンサーとして働いていると考えられます。

近年，このカテゴリ知覚は誕生時に完成されているのではなく，誕生後に話しことばを聞く経験がカテゴリの分類能力を鋭敏化させること，また，この能力は人に特有なものではなく，ほかの霊長類なども共有する知覚的なバイアスである可能性が指摘されています。

人の赤ちゃんは，言語音に対して最初は一種の普遍的なカテゴリ知覚の能

力をもっています。しかしその後，この能力は母語がもつ**音素**の処理に限定されていきます。

■ 話しことばの聞きわけ

人の赤ちゃんは，誕生直後から，ほかのどんな音より話しことばのほうに耳を傾けやすいと信じられています。しかし，この主張が完全に正しいことを証明した研究はありません。話しことばのほうが別の音より注意を向けやすいことがわかっても，話しことばより耳を傾けやすくさせる音がないとは言い切れないのですから。

話しことばがもっとも赤ちゃんの注意を引きつけるという主張の正当性をより強めるためには，話しことばと，その話しことばと音響的な特徴を一致させた人工音とを比較することです。そのような研究が行われるようになったのは，ごく最近のことです。こうした厳密な統制をくわえた研究によって，新生児は話しことば以外の音より話しことばに耳を傾けやすいという主張が裏づけられてきています。

これも近年になってですが，話しことばに対する鋭敏な選好性が，脳の活動を画像として観察する**ニューロイメージング法**を用いて検討されています。たとえば，頭皮や頭蓋骨を容易に透過する近赤外光により大脳皮質の血行動態を画像計測する**近赤外分光法（NIRS）**を新生児に適用して，①通常の会話音を聞かせたとき，②その会話音の逆回しの音を聞かせたとき，③何も聞かせないとき，の脳活動を検討したものがあります。その研究では，①通常の会話を聞いたときにだけ，話しことばを処理する言語中枢に相当する脳の皮質部位で顕著な活動が生じていることが見いだされています。

こうした研究は，新生児が耳を傾けやすいのは話しことばであるという主張を支持するものだといえます。

■ 異なる言語の聞きわけ

新生児はふだん聞き慣れていることばと，聞き慣れないことばの区別ができるのでしょうか。多くの研究が，新生児には聞きわけが可能だということ

を示してきました。そんな研究の一つを紹介します。

　それは，フランス語を話すお母さんに育てられている生後1週間に満たない新生児を対象にした研究です。赤ちゃんが人工乳首を吸啜するとことばが聞こえてくる装置が用いられました。聞こえてくることばは，聞き慣れているフランス語とはじめて聞いたロシア語です。流ちょうにフランス語とロシア語を話すバイリンガルの女性に，フランス語とロシア語で話してもらった同じ物語を録音して聞かせています。その結果，新生児はロシア語よりも母語のフランス語に対して多くの吸啜反応を示しました。また，母語がフランス語以外の新生児では，フランス語に対して吸啜を多くすることはありませんでした。フランス語を母語とする新生児には，聞き慣れたフランス語と聞き慣れないロシア語を聞きわけ，フランス語のほうに注意を向けようとする能力があるようです。

　さらに興味深いことに，フランス語とロシア語をフィルターにかけて音声的な特徴を除き，ことばのリズムだけを残した音を使った実験もしています。どんな音かといいますと，プールにもぐって会話を聞いているのに似た音になります。ことばのイントネーションが変わらないのでフランス語かどうかはわかりますが，音の区別は難しくなり，単語はほとんどわからなくなります。こうした処理をされたフランス語とロシア語を聞かされても，新生児にはことばの聞きわけが可能でした。同じような結果は，英語とスペイン語を母語にする新生児でも報告されています。こうした結果から，新生児は**プロソディ**といわれることばのリズム特性を利用して言語を聞きわけているのだろうと考えられています。

　新生児にみられるこうした言語音の聞きわけ能力は，子宮内で聞いた話しことばのリズム特性による影響だろうと考えられていました。しかし，フランス人の新生児が，まったく聞いたことのない英語とイタリア語を区別することが明らかにされており，話しことばの聞きわけ能力の獲得が胎児期の経験に由来するとする考えには批判があります。

(2) 人の顔を見ようとする目

　新生児の視覚的な注意は，輪郭，コントラスト，運動，図柄，そして曲線に向けられやすいことが知られています。人の顔にはこうした特性がそなわっています。たとえば，人の顔は曲線からできています。横に並んで輝きながら動く2つの眼球は，とりわけ注意を引きつけます。また，明確な輪郭やコントラストがあり，多彩な表情運動が絶え間なく出現します。口が動いて，そこから声も聞こえてきます。ですから，お母さんの顔は赤ちゃんにとって非常に魅力的なものになります。

　第3章で紹介したように，選好注視法を使った研究によって，生後数日の新生児でも，人の顔のパターンのほうを顔ではないパターンより長く見ることが知られています。ただし，その顔は正立していることが必要です。逆さまにして見せると，見ようとしなくなります。また，お母さんの顔と見知らぬ女性の顔を使えば，お母さんの顔のほうを長く見ることが知られています。お母さんの顔はおそらく最初に出会い，もっとも頻繁に経験する顔です。こうした研究は，新生児が早くから人の顔の内部の特徴を検出すること，お母さんの顔の認識とその学習が生後の早い時期に可能になることを示しています。

　また，馴化-脱馴化法を使えば，新生児は見知らぬ人の顔の区別ができることもわかります。この馴化-脱馴化法は，赤ちゃんの能力を検討するために有効であり，非常によく用いられます。

　新生児に同じ見知らぬ人の顔を繰り返し見せます。すると最初はよく見ますが，次第に慣れてきて，その顔を見る時間が減少します（馴化）。この時点で新しい見知らぬ人の顔を見せると，その新しい人の顔をよく見るようになります（脱馴化）。脱馴化が生じたということは，最初の顔とその次の顔の違いに気づいたことを意味しています。新生児は見知らぬ人の場合でも，その顔の特徴を短時間のうちに学習し，別の人の顔との違いに気づけるということになります。

■ 人の顔の知覚と経験

　赤ちゃんの人の顔の知覚能力は，経験によってどのような影響を受けるのでしょうか。近年，興味深い研究が発表されました。その研究によれば，赤ちゃんが人の顔に対して鋭敏な認知能力を発揮する領域は，経験によって次第に限定されていきます。たとえば，赤ちゃんは日常的に出会うことが多い人種の顔をより長く見るようになっていくことが知られています。新生児では，人種間で選好注視に違いはみられません。しかし，生後3ヵ月の白人の赤ちゃんは，日常的に接することが多い白人の顔のほうに視線を向けることが多くなるのです。さらに，同じ人種に属する人の顔の区別にも発達的な変化があることを示した研究もあります。その研究では，生後3ヵ月の白人の赤ちゃんは，白人，アフリカ人，中東人，中国人のどの人種内でも個人個人の顔の違いが認識できますが，生後6ヵ月児では白人と中国人，9ヵ月児では白人の顔だけでしか区別できなくなることが示されています。

　人の顔とサルの顔を使った面白い研究があります。6ヵ月児と9ヵ月児に対して，同じ人の顔か，同じサルの顔を見て慣れてもらいます。その後で，その慣れた顔と別の顔を一緒に並べて見せ（図23），注視時間を測定しました。すると，6ヵ月児は人の顔でもサルの顔でも新しい顔を長く見ます。つまり，人の顔の違いもサルの顔の違いも見分けることができます。ところが，9ヵ月児では見分けられるのは人の顔だけになります。これは大人の場合と同じ反応で，サルの顔は次第に見分けることが難しくなるのです。

　こうした顔の知覚能力の発達的変化は何を意味しているのでしょうか。一つは，赤ちゃんには，人の顔に対してもサルの顔に対しても共通したやり方で処理する汎用性の高い顔認知システムがそなわっているということです。もう一つは，日常的な人の顔との出会いの経験が，そのシステムを次第に人の顔を処理するシステムに変化させ，さらに同じ人種の人の顔に対しても鋭敏に知覚させるシステムを生みだしてくるということです。

　こうした顔の知覚の発達は，言語音の処理の発達とよく似た特徴をもっています。誕生直後の赤ちゃんの場合，日常的に使用することばである母語の違いにかかわらず，音声の知覚能力には類似性がみられます。たとえば，日

図23 9ヵ月児は大人と同じように
サルの顔の見分けが困難
Pascalis, O., de Haan, M., & Nelson, C. A.: Is face processing species-specific during the first year of life? *Science* 296: 1321–1323, 2002.

本人の赤ちゃんでも最初は英語の [l] と [r] の聞きわけができます。しかし，日本語ではこうした音声の違いでことばの意味が変わることはありませんから，聞きわける必要がありません。ですから，母語にない音素は次第に聞きわけることができなくなります。一方，母語で使用される音素に対しては，次第に聞きわけが鋭敏化する可能性が指摘されています。このように，顔知覚も音声知覚も，一般的な能力から次第に特定化された能力へ発達するルートの存在が予想されています。

　赤ちゃんが顔をどのように知覚し，どのような発達のプロセスをたどるのか，そのメカニズムについては現在もなお活発な議論がたたかわされています。

3．人がもつ意図への気づき

　人には身体があります。目で見ることができ，手でさわることができるの

は，身体しかありません。ですから，赤ちゃんが出会えるのは人の身体という物でしかありません。だとしたら，赤ちゃんが人という物と，人以外の物とを区別し，人を普通の物とは違う「もの」だと感じはじめるのはいつなのでしょうか。

　これは，いろいろなレベルで考えることができます。生まれた直後の赤ちゃんでも，人の顔の動きに対しては新生児模倣という行動をしますが，同じような動きをする物に対しては模倣をしません。こうした現象から，新生児は人を普通の物とは区別しているといえます。しかし，新生児に紙に描いた黒い丸を2つ横に並べた絵を見せると，人の顔を見たかのように微笑します。この現象からは，新生児は人と物とを混同しているといえるでしょう。ですから，赤ちゃんによる人と物との区別は，赤ちゃんの発達に応じて，そのレベルが変化しているのです。これは当たり前のことのように思われます。しかし，この当たり前のことをどこかに置き忘れたかのような議論がしばしばなされます。

　ここでは，今まで目の前にいた人がいなくなった場合での赤ちゃんの行動を対象にして，この問題を取りあげた研究を紹介してみます。

(1) 見えなくなった対象へのかかわり

　生まれて半年も経たない赤ちゃんでさえ，物を見せると手を伸ばしてさわろうとし，人には声や表情を使ってかかわろうとすることが知られていました。しかし，それは目の前にある物や人を見るからそうするのか，あるいは物や人が行う応答の仕方の違いを理解してそうするのかはわかっていませんでした。

　このことを確かめようとした**レゲァスティ**（Legerstee, M.）の面白い実験があります。4ヵ月児の前に大きな壁を置きます。そのうしろに，今まで見えていた物が隠された場合と，人が隠された場合で4ヵ月児がどのように振る舞うのかを見たものです。すると4ヵ月児は，物が隠された場合には壁に手を伸ばし，人が隠された場合には壁に向かって声を出したのです。物も人も壁に隠れていて見えませんから，こうした振る舞いはそれらがもつ応答の仕方を

思いだして行った行動だと考えられます。つまり，生まれて4ヵ月のあいだに，人は声を出せば応答するけれども，物は手でさわらなければ応答しないことに気づき，それを頭のなかに思い浮かべながら働きかけをしている可能性があるということです。

この実験では，4ヵ月児が見えなくなった人や物を表象し，それらがもつ応答を予想した働きかけをすることがわかりました。4ヵ月児は，人は物とは異なる応答を自発的に選択する意図的な主体だと理解しているのです。

それでは，赤ちゃんは，人が物や他者に出会ったときに，その人がどのように感じ，どのように働きかけると理解するのでしょうか。自分と同じような体験をしたり，働きかけをしたりすると考えるのでしょうか。それとも，そうではないのでしょうか。

(2) 他者のレモン体験の理解

久保田正人は四半世紀以上前に，生後半年の赤ちゃんが他者も自分と同じような体験をすることに気づくことを示唆する貴重なエピソードを残しています。

6ヵ月3週の男の赤ちゃんに半割のレモンをなめさせたら，たいへんすっぱそうな顔をしました。その後，3分くらいして，約1m半前にいる人（母親ではない，その日相手になってくれた人）が何気なくそのレモンをなめようと口にあてると，赤ちゃんはそれをハラハラした様子で見て，やがて自分もいかにもすっぱそうに顔をしかめ，口をすぼめたというのです。さらに，その場で2回確かめてみたところ，そのたびにすっぱそうな顔をしました（図24）。

このエピソードで面白いのは，赤ちゃんはレモンを見たときではなく，相手がレモンをなめようと口にあてたときにすっぱそうな顔をしたことです。この赤ちゃんはすっぱい体験をさせられたレモンに反応しているわけではありません。相手がレモンを口にあてるその瞬間にすっぱそうな顔をしているのですから，相手がレモンから受ける体験を感じとり，その体験に自分の体験を重ねあわせたために出てきた反応なのです。このエピソードは，生後半

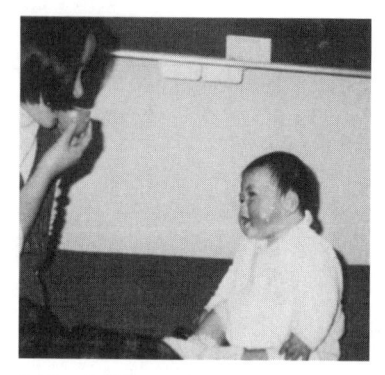

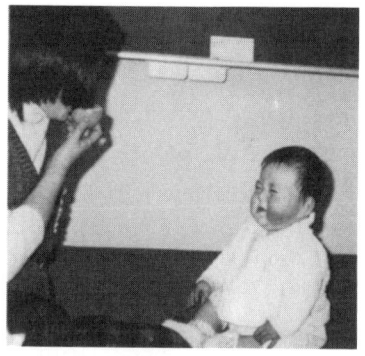

図24 人がレモンを口あてるのを見てすっぱそうな顔をする
久保田正人「言語認識の共有」藤永保ほか編『講座現代の心理学5　認識の形成』小学館，1982

年ころの赤ちゃんが他者の体験を自分の体験のように共有できるようになることを示唆しています。

しかし，これだけでは，赤ちゃんが他者も自分と同じように人や物に働きかけると考えているかどうかはわかりません。そこで，これも先ほど紹介したレヴァスティの研究をもう一つ示します。

(3) 手伸ばしと語りかけがもつ意図の理解

この研究も6ヵ月児が対象です。他者がやって見せる「手伸ばし行動」と「語りかけ行動」には異なる意図があることがわかるかどうかを調べた研究です。注視時間を用いた馴化－脱馴化法が行われています。馴化場面として，あるグループには「手伸ばし行動」が，別のグループには「語りかけ行動」が用いられました。馴化したあとで，カーテンをあけて行った脱馴化場面では，手伸ばし行動を見たグループの場合には，「箒を手でいじっている場面」か「人を手でいじっている場面」のどちらかが見せられます。他方，語りかけの脱馴化場面では，「箒に語りかけている場面」か「人に語りかけている場面」のどちらかが見せられます（図25）。

その結果，手伸ばしの場合には，人を手でいじっている場面で脱馴化し，語りかけの場合には，箒に語りかけている場面で脱馴化が生じています。で

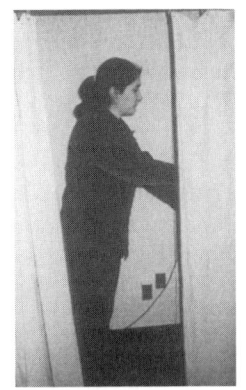

馴化場面	脱馴化場面	
カーテンの背後への手伸ばし	手で箸を操作	手で人を操作

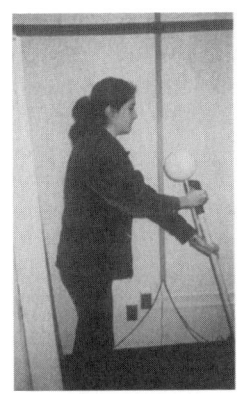

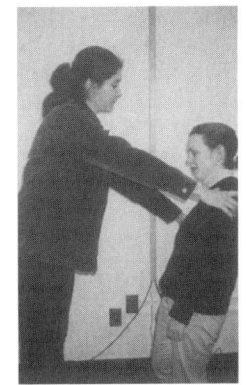

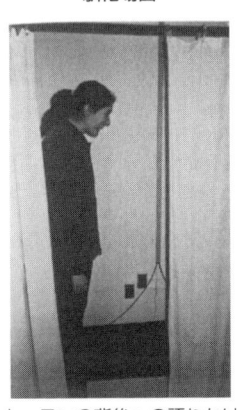

馴化場面	脱馴化場面	
カーテンの背後への語りかけ	箸への語りかけ	人への語りかけ

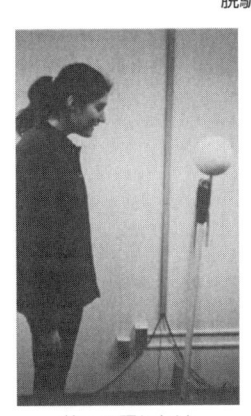

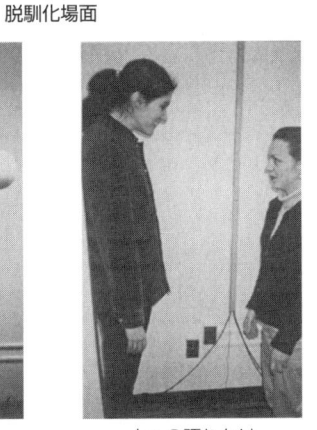

図25 手伸ばし行動（上）と語りかけ行動（下）
Legerstee, M.: *Infants' sense of people: precursors to a theory of mind.* Cambridge University Press, 2005 を改変。

すから，6ヵ月児は人が手を伸ばすときには，その手は物に向かっており，人が語りかけるときには，その語りかけは人に向けられていることを予想していると考えられるのです。

このことは，生後半年までに，赤ちゃんは他者の動作を単なる身体の運動

として見なくなることを示唆しています。赤ちゃんは，他者の動作を見ると，その人が行っている動作に含まれる意図に気づき，その意図を達成する手段として動作を理解しようとするのです。そこには，出来事の背後に潜在していて見ることのできない意味世界に気づき，それを読み解こうとする静観能力の働きがあります。

4．お母さんとの出会いの体験

　本章のはじめのほうで，新生児の愛ちゃんとお母さんとが顔と顔を見あわせてやりとりしている場面を紹介しました。お母さんに抱かれていたあの愛ちゃんのことを思いだしてみてください。あるいは，もう一度，愛ちゃんがお母さんに抱かれていた場面の記録を読み直してみてください。

　愛ちゃんの振る舞いでもっとも印象的なこと。それは，愛ちゃんがお母さんの顔をじっと見つめていたことだろうと思います。それでは，このときに愛ちゃんはお母さんの顔を見つめながらどんな体験をしているのかと問われたら，あなたはどう答えますか。新生児の目にそなわる視覚能力を使って，お母さんの顔がもつ情報を取りこみ，その顔を理解しているのだ，と答えるかもしれません。

　その答えは間違いではないと思います。しかし，けっしてそれだけではありません。愛ちゃんがもっと豊かな体験世界を生きていることはもうおわかりのはずです。愛ちゃんは，写真に写った静止したお母さんの顔と出会っているのではありません。赤ちゃんの視覚能力を測定するためにお母さんの顔の写真が見せられる場面は，赤ちゃんの日常生活からかけ離れた特異な場面です。しかし，私たちは赤ちゃんの体験する世界を考えようとするとき，気をつけないと，こうした場面を想定しながら考えてしまいます。どうしてかというと，そのほうが考えに入れるべき情報が少なくなり，理解しやすくなるからです。赤ちゃんの行動を考える場合にも，情報を制限する思考方略は有効です。しかしそれだけでは，赤ちゃんが実際に体験する世界はけっして見えてきません。赤ちゃんとお母さんの個別の行動に注意を払いながら，同

時にやりとり場面の全体を見とおして，そこにある情報をもう一度再構成することが必要になるのです。

　おそらく現実の愛ちゃんは，やさしく抱きあげられ，やわらかな皮膚のぬくもりを感じ，気持ちよく乳首が吸え，いいにおいと味がするお乳を飲ませてくれ，注意を引きつける魅力的な顔や声を感じさせ，そして何よりも愛ちゃんの体験を感じとり共有しようとする心をもって能動的に愛ちゃんにかかわろうとするお母さんとの出会いを体験しているはずなのです。一方，お母さんのほうでも，自分がもつ多くの情報を愛ちゃんの心に重ねあわそうとしています。愛ちゃんは，その豊かな情報を全身で受けとり重ねあう体験をしています。その体験が凝縮されたもの，それがお母さんの顔を見つめる愛ちゃんのキラキラ輝く目になって表現されているのだと思います。

　こうしたお母さんとの体験過程をとおして，愛ちゃんは生後半年を迎えるころには，自分への気づき，お母さんの意図の理解，そして物に対する認識が相互に結びつきはじめるようになってきます。愛ちゃんは，自分，人，そして物という3つの相互に重なりあう領域を明確にさせながら，それらがもつ情報を相互に有効に利用しあう生活世界をつくりだしていきます。

5．他者の経験知の理解

　赤ちゃんは他者の経験と自分の経験との違いに，どの程度気づいているのでしょうか。この理解が可能になるためには，自分と他者との視点を切り替え，他者の視点から出来事を見る能力が必要になります。この能力の獲得によって，自分が見ている世界と，他者が見ている世界との違いに気づき，その違いを理解することが可能になります。ここでは，この「他者が経験によって獲得した知識」のことを**他者の経験知**と呼ぶことにします。従来，この他者の経験知は，2歳を過ぎなければ理解できないとされてきました。

　しかし今世紀に入って，ドイツの**トマセロ**（Tomasello, M.）らの研究グループは，1歳前半の赤ちゃんが**共同注意**場面を経験すると，他者が経験から獲得する知識を理解することを見いだしています。私たちも同様の研究を行

っています。ここで，その研究の概要を紹介し，トマセロらの結果と比較してみます。

実験には，14ヵ月児と18ヵ月児が参加しました。実験場面は子ども用のプレイルームです。お母さんと子どもにプレイルームに慣れてもらってから，お母さんが椅子に座って子どもを膝の上に乗せます。テーブルの向かい側に実験者が，左側に実験補助者が座っています。

この場面で，最初に予備テストを行い，子どもが玩具を実験者に手渡しできるかどうか確認します。本テストで，実験者が子どもに玩具を手渡すように要請するからです。この確認がないと，子どもが手渡しできなかったのが，手渡し能力のなさによるのか，それともどれを手渡してよいのかの判断ができなかったのかがわからなくなってしまいます。

その後，手渡しができた子に本テストを実施します。本テストでは3種類の手製の見慣れない玩具を使用しました（図26）。本テストでは，子どもに玩具を選択させ，手渡しを要請しますが，その玩具選択に玩具の好き嫌いが影響することを避けたかったためです。子どもがこの3種類の玩具を選択する確率に違いがないことは確認済みです。

本テストでは，実験補助者がランダムに玩具を選び，1つずつ実験者に手渡します。実験者はその玩具で子どもと一緒に遊びます（共同注意場面）。2

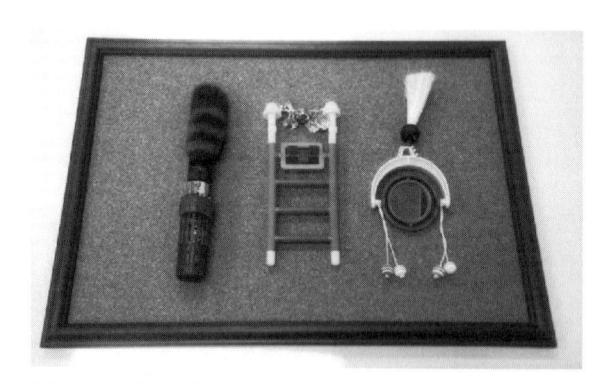

図26　3種類の手製の玩具

つの玩具を別々に使って遊んだ実験者は，その後，部屋から出ていきます。3つ目の玩具では，子どもは実験補助者と遊びます。遊びが終わると，実験補助者は，3つの玩具をトレーに乗せて，子どもの前に置きます。そこへ実験者が戻ってきて，驚いた表情で子どもの顔を見て，おだやかに「それ，ちょうだい」と言いながら，手を差しだして手渡すようにうながします。以上が実験条件です。統制条件も用意しました。統制条件では，3つの玩具すべてで実験者が子どもと遊びます。そして，同じように実験者が手渡しを要請します。

皆さんがこの実験に参加されたら，実験条件では，最後に遊んだ玩具を実験者に手渡すはずです。なぜなら，その玩具を実験者は手渡しを要請する場面ではじめて見ることになるからです。玩具を見て驚いた様子で，「それ，ちょうだい」と欲しがる玩具は，はじめて見る物である可能性がもっとも高いと考えられるからです。一方，統制条件では，3つの玩具をどれも実験者は見て知っていますから，子どもはどの玩具を手渡していいのかわからなくて困るはずです。

18ヵ月児は，これと同じような手渡し行動を示しました。つまり，実験条件では最後の玩具を，統制条件ではどの玩具もほぼ同じ頻度で手渡したのです。ですから，18ヵ月児は，自分は見たけれども実験者は見なかった玩具はどれかがわかっています。自分の経験と他者の経験の違いに気づいているのです。他者の視点から出来事を見る能力があると考えられます。しかし，14ヵ月児には，実験条件でも最後の玩具を他の2つの玩具と同じような頻度でしか手渡せませんでした。私たちのこの実験では，他者の経験知の理解は，14ヵ月児では難しく，18ヵ月児になって可能になったといえます。

ところが，ほとんどこの実験と同じ手順を使ったトマセロらの実験結果を見ると，ドイツでは12ヵ月児でさえ，実験条件で最後の玩具の手渡しができているのです。日本人の子どもを対象にした私たちの実験結果と，トマセロらのドイツ人の子どもを対象にした実験結果にみられるこの半年の違いをどう解釈すればよいのでしょうか。いろいろな可能性があり，断定はできませんが，もしかしたら日本の**育児文化**とドイツの育児文化が反映されているの

第8章 人と出会う　111

かもしれません。ドイツは日本と比べて，子どもの自立を早期からうながす傾向が強いことが知られています。そうした**しつけ**の違いが影響して，この時期の子どもの精神発達に違いが生じるということが，これとは別の行動を指標にした研究でもみられるからです。

　育児文化の違いが他者の経験知の理解に違いを生むと仮定すれば，生後1年のあいだにそうした育児文化の違いによって影響されるような鋭敏な心を赤ちゃんはもっているということになります。

　最後に，この研究結果の解釈で注意すべきことは，日本の14ヵ月児は自分の経験と他者の経験の違いが理解できなかったのか，あるいは，理解できてはいるが，その理解を手渡しという行動に反映できなかっただけなのか，それは不明だということです。こうした研究結果を解釈する場合にはつねに留意すべき点ですので，指摘しておきます。

第9章

母と子のリズム

　赤ちゃんとお母さんのやりとりを見ていると，楽しそうで調和している感じがするときと，ぎこちなく不調和な感じがするときがあります。お母さんと赤ちゃんが楽しそうなときには，2人が一体のものであるように感じられます。情動が共鳴しあい，おたがいのしぐさがかみあっています。

　お母さんが赤ちゃんの気持ちに自分の気持ちを重ねようとすると，赤ちゃんの振る舞いに敏感になり，自然に赤ちゃんの身体の動きと同じようなリズムのしぐさになってしまうようです。そして，赤ちゃんのほうでも，自分の気持ちにそったやりとりをしてくれるお母さんにますます引きよせられ，身体の運動がそのしぐさに同調するようになるのです。それはあたかも，2人の息の合ったダンサーが軽やかにステップを踏んでいるのを見ているようです。

1．お母さんの語りかけ

　お母さんの赤ちゃんへの語りかけは，ふだんより抑揚のあるリズムになります。そして，その語りかけは，赤ちゃんの振る舞いのリズムに合わせるような特徴を示します。

(1) **吸啜のリズム**

　もうすぐ生まれて1ヵ月になろうとする健くんが，上手にお母さんのお乳を吸っています。健くんの吸い方を見ると，お乳を吸うときと，吸わずにお母さんの様子をうかがうようにするときがあるようです。お乳を吸う「吸啜期」と，吸うのを中断する「休止期」があるのです。これは人の赤ちゃんに特有な現象で，お母さんのお乳を吸うときも，哺乳ビンからお乳を飲むときもみられます。つまり，お乳を吸うリズムがあるだけではなく，吸啜期－休止期－吸啜期－休止期……というもっと大きなリズムもあるのです。人の赤ちゃんは，チンパンジーやサルの赤ちゃんのようにお乳を一気に飲みきろうとしません。どうしてそんな面倒なことをするのでしょうか。

　今度はお母さんの振る舞いを見てみましょう。すると，面白いことがわかります。お母さんは，健くんがお乳を吸っているときには，黙ってそれを見守り，お乳を吸うのをやめると，健くんに話しかけたりお乳を揺すったりするのです。すると，また健くんがお乳を吸いはじめます。お母さんは健くんとのあいだで，こんなやりとりをしているのです。

　健くんにとって，お乳を飲む場面は，お乳を飲めさえすればいい場面ではなさそうです。そこは，お母さんとのやりとりをする重要な場面でもあるようです。吸啜の休止は栄養摂取の効率を低下させますが，人の赤ちゃんは，それ以上にお母さんとのコミュニケーションを重視しようとしたのです。人の赤ちゃんには，吸啜－休止という生得的なリズム構造をも利用して，お母さんとの共有世界を体験する必要性があったのだろうと考えられます。

(2) **対面遊びのリズム**

　健くんは4ヵ月になりました。お母さんの顔を見ると，目を合わせ，とてもよくニコニコしてくれます。全身に力をみなぎらせ，お母さんの語りかけに答えるように，かわいらしい声も出します。お母さんは健くんとお話しするのが大好きです。

　今も，ベビーラックに横になった健くんがお母さんとお話ししながら楽しそうに遊んでいます。その様子を見てみましょう。

〔お母さんと健くんのいつものやりとり〕

　健くんはニコニコしながらお母さんの顔を見ています。お母さんの顔も笑顔になり，「どうしたの，ご機嫌さんねー」とやさしく声をかけました。おだやかで高い調子の声です。お母さんの顔をじっと見ていた健くんは，次第に身体に力をこめ，お母さんに気持ちを向けるように「ウーン」と声を出します。お母さんもすかさず健くんと同じような調子で「ウーン」と声を出し，「そうなのー，健くん，おりこうさんね」とニコニコ顔で話しかけました。お母さんの語りかけに聞き耳を立てていた健くんは，ひと呼吸おいて，また「ウーン，ゥン」とお母さんに向けて声を出しました。目を大きくして，やさしい目で健くんを見ていたお母さん。ニッコリほほえんで「『ウーン，ゥン』なの，そうなの，健くんおりこうさんねー」と，自分がおりこうさんの健くんになったようなお母さんです。お母さんの顔も声も，まるで健くんの顔や声になったような感じです。

　健くんとお母さんのやりとりは，こんな調子でまだまだ続きます。このやりとりをしばらく見ていると，お母さんの受け答えにはいくつかの特徴があることに気づきます。
　第一の特徴は，お母さんがリラックスしており，眉があがった表情で，目がパッチリし，口の動きも大きくなって，身体の動きが全体にスローテンポな調子であることです。第二の特徴は，語りかけがふだんの調子より少し高めになり，テンポがゆっくりしていて，繰り返しが多いということです。第三の特徴は，健くんが声を出せるように，お母さんは自分が話しかける間合いを広げることです。お母さんは健くんに話しかけながら，健くんのお話を聞こうとするのです。ですから，健くんはその間合いでうまく声を出すことができます。
　こうした特徴をもつお母さんの話し方を，第２章でも触れましたが，マザリーズ（母親語）といいます。お母さんではない人でも，赤ちゃんに話しかけるときにはこうした特徴がありますから，「育児語」という表現を勧める研究者もいます。また，お母さんと健くんは話す順番を守りながら，上手に

会話をしているように見えます。まるで会話の原型のようですから，**原会話**といわれます。

　4ヵ月ころの赤ちゃんは，お母さんと対面し，お母さんの顔をよく見て，楽しそうに声を出し，たくさん笑いながら遊びます。しかし，時々お母さんの顔から目をそらすことがあります。そしてまた，お母さんの顔に向き直ります。向き直ってお母さんとひとしきり遊ぶと，また目をそらします。どうしてこんなことをするのでしょうか。それは，お母さんの顔を見て遊び続けることは，楽しいことであると同時に，緊張を高めることでもあるからです。赤ちゃんはその緊張をしずめるために，お母さんの顔から目をそらそうとします。赤ちゃんには**見つめあいと目そらしのリズム**があるのです。

　ですから，赤ちゃんがお母さんから目をそらしたら，赤ちゃんが自分からお母さんの顔を見ようとするまで待ってあげるといいようです。赤ちゃんの緊張がしずまれば，自然にお母さんの顔を見るようになるからです。目をそらした赤ちゃんを自分のほうに向き直らせようとすると，赤ちゃんの緊張感がより高まります。ですから，向き直りにくいですし，向き直ってもやりとりが長続きしません。

　赤ちゃんとのやりとりでの基本は，赤ちゃんのリズムにお母さんが合わせてあげることです。お母さんが赤ちゃんのリズムに合わせてあげると，赤ちゃんは自分のペースでのやりとりが可能になります。それは赤ちゃんをリラックスさせ，赤ちゃんもまたお母さんのリズムに気づき，そのリズムに合わせられるようなゆとりが生じるのです。

　赤ちゃんとお母さんとのやりとりが調和しているように見えるときには，こうしたリズム構造がみられることが多いのです。

2．お母さんが顔を静止させると

　やがて健くんのお母さんはあることを思いだしました。先日，あるお母さんから，「あやしている途中で，何気なく黙ってみたの。そしたら，急に機嫌が悪くなったのよ。あやされているときと，あやされていないときの区別

がもうできるのかしら」と言われたのです。それをためしてみたくなりました。

〔顔を静止させたら〕
　お母さんは健くんと目を合わせながら，突然，顔の動きを静止させ，語りかけもやめました。すると，即座に健くんの様子が大きく変わったのです。
　お母さんの顔が静止したとたん，健くんの顔にも緊張感が走りました。ハッとした表情です。そして，お母さんの顔をじーっと見つめます。さらに，それまでとはまったく違う強い調子の声を，お母さんにぶつけるように発します。そして，お母さんの反応を確認するように，眉をひそめた不安げな顔をして，またじっと見つめます。それでもお母さんから返事はありません。すると健くんは，すぐ左に顔をそむけ，目そらしをしました。無表情なままです。まもなく，健くんはまたお母さんの顔を見て声をかけます。しかし，今度もお母さんからの返事はありません。健くんは顔をしかめ，また顔を左に振り，目をそらします。やがて呼吸が荒くなってきます。今までおだやかだった呼吸が急に「ハッ，ハッ……」という息づかいに変わります。声も不機嫌です。そして，左手をお腹の上に乗せ，手のひらでお腹をかきむしるように何度も何度も動かします。健くんの目は落ち着きません。天井に向けてさまよいだします。とうとう身体を大きくのけぞらせるようにして，ぐずり声をあげてしまいました。

　これは，ほんの短いあいだの出来事です。お母さんは健くんの様子を見て，すぐにいつものお母さんに戻ったのは言うまでもありません。健くんも同じようにいつもの明るい健くんに戻り，お母さんとの楽しいやりとりを再開させました。
　これは，赤ちゃんの研究でも実際に使用されている場面です。**静止した顔の実験**といいます。それでは，健くんが見せた振る舞いを少し説明してみたいと思います。健くんは，お母さんが顔を静止させると，すぐにその奇妙さ

に気づいています。顔を静止させた状態というのは，人形の顔と似た状態になります。しかし，赤ちゃんは，人形の顔に対してはこんなに激しくいやがるような状態にはならないことが多いのです。同じお母さんの顔なのに，その顔が人形の顔のような顔になると，非常に不快な情動が引きおこされるのです。その不快な情動は，お母さんの顔への凝視，声の調子の変化，眉をひそめた不安げな顔，目そらし，呼吸の変化，ぐずり声といった行動として表現されています。

どうしてそうなるのでしょうか。理由は3つ考えられます。第一に，健くんは人の顔と人形の顔，つまり人と物とを瞬時に区別できるということです。第二に，健くんは，人であるお母さんがどう振る舞うべきかを，これも瞬時に期待するということです。そして第三に，その期待感は，それが裏切られると非常に強い不快感を生じさせるほど，健くんにとって大切なものだということです。

健くんの行動で，気づいてほしいことがほかにもあります。それは，健くんが自分自身で，自分の不快な情動をしずめようとしていることです。**自己鎮静**と呼ばれる行動です。一つはお母さんの顔からの目そらし行動です。目をそらして，不快な情動を刺激する静止した顔を避けて，不快な情動をしずめようとするのです。そしてしずめられると，またお母さんの顔を見ることになります。もう一つは，自分のお腹をかきむしるようにする行動です。自分の身体を刺激しますから，**自己刺激行動**と呼ばれます。指しゃぶりは代表的な自己刺激行動です。自己刺激によって身体感覚を強制的に引きおこし，不快な情動体験を軽減させようとするのです。

母子のリズム構造を基盤にしたかかわりが失われるとき，赤ちゃんの健全な心の働きも失われることになるようです。

3．お母さんがイナイ・イナイ・バーをすると

健くんはイナイ・イナイ・バーが大好きです。お母さんとのイナイ・イナイ・バー遊びがはじまると，顔いっぱいに笑顔になり，お腹を抱えるような

笑い声を出してしまいます。イナイ・イナイ・バーが好きな赤ちゃんはいっぱいいます。どうしてイナイ・イナイ・バーはそんなに楽しいのでしょうか。今度は，健くんとお母さんのイナイ・イナイ・バー遊びの場面を見てみましょう。

〔イナイ・イナイ・バーのはじまり〕

　健くんはいつものとおり機嫌よくベビーラックで横になっています。そこへお母さんがやってきました。お母さんと目が合った健くん，さっそく笑顔でお出迎えです。「あら，健くん，エプロン使って，ご機嫌さんね」とお母さん。健くんは，はずれたエプロンを手に持って遊んでいたのです。お母さんはそのエプロンを見て，イナイ・イナイ・バーをすることを思いつきました。

　お母さんは「健くん，健くん」と呼びかけ，健くんと目が合うと，両手で顔を隠しながら「イナイ・イナイー，イナイ・イナイー」と言います。健くんは目を丸くして，その様子を見ています。お母さんはころあいを見はからって両手を開き，「バー」と言いながら，笑顔で健くんの顔を見ます。健くんは少し驚いた様子。やがてはにかむようにほほえみます。お母さんもニッコリします。お母さんは，もう一度両手で顔をおおって「イナイ・イナイ」と言います。すると今度は，健くんはさっきよりももっと熱心にお母さんの顔を見つめます。やおらお母さんは「バッ」と，さっきより声の調子を高くして顔を出しました。健くんの顔がパッと明るくなり，そして「キャッ，キャッ」と楽しそうに笑います。

　お母さんはイナイ・イナイ・バーを何度も何度も繰り返します。健くんは何度繰り返されても飽きない様子で，いつも声を立てて笑います。だからお母さんも楽しくて，声の調子を変えたり，手から顔を出す場所を変えたりして続けます。

　お母さんはイナイ・イナイ・バーを思いついたエプロンを使うことにしました。エプロンを顔の前にたらし，「イナイ・イナイ」と言い，「バー」とエプロンを上に引きあげて顔を出してみたのです。健くんはまたま

たビックリ。そして大笑いをしました。
　このイナイ・イナイ・バー遊び，まだまだ楽しく続くようです……。

　さて，このイナイ・イナイ・バーには，イナイ・イナイ・バーがもついくつかの基本的な特徴があります。
　第一は，イナイ・イナイ・バーと言って出てくる顔はいつも決まった人の顔だということです。お母さんがイナイ・イナイ・バーをはじめれば，お母さん以外の顔が出てくることはありません。お母さん以外の顔，たとえば知らないおじさんやおばさんの顔，クマさんの顔，恐竜の顔などが次々に出てきたら，健くんは驚いて不安になってしまうかもしれません。出てくる顔がいつも同じだから，健くんは安心して楽しめます。顔の同一性が保証されているのです。
　第二に，イナイ・イナイ・バーは繰り返されるということです。お母さんが顔を隠し，「イナイ・イナイ・バー」と1回だけ顔をのぞかせておしまい，ということはほとんどありません。何回も繰り返されるはずです。繰り返しがありますから，健くんには，きっとまた出てくるぞという期待感が生まれます。健くんは今か今かと興味津々で，お母さんの顔が出てくるのを待っています。そして，その期待は裏切られることがありません。お母さんの顔はやっぱり出てくるのです。待っていた甲斐があるというものです。期待が裏切られないこと，それは快の気分，喜びの感情をもたらします。ですから健くんも楽しくなります。繰り返しはイナイ・イナイ・バーの面白さを支える大切な条件だと思います。
　第三は，イナイ・イナイ・バーはそのたびごとに変化するということです。たとえば，「イ　ナ　イ・イ　ナ　イ」とゆっくり言ったり，「イナイ・イナイ」と早く言ったり，「バー」の音程を高くしたり，低くしたりできます。「バッ」と短く言ったり，「バーー」と長く言うこともできます。また，健くんのお母さんがやったように，エプロンのようなものを使って顔を隠すこともできます。顔を隠す時間を長くしたり，短くしたりすることも可能です。
　このようにイナイ・イナイ・バーのやり方は無数にあります。イナイ・イ

ナイ・バーをしているお母さんを見ていると，その程度はさまざまですが，毎回違ったやり方をしています。繰り返しはイナイ・イナイ・バーの面白さを支える条件ですが，いつも同じパターンでは赤ちゃんもそれに慣れ，すぐに飽きてしまいます。赤ちゃんの興味を引き続けるためには，そのパターンを少しずつ変化させていくことが必要です。赤ちゃんにはこのズレが面白いのです。

　赤ちゃんが期待していたものとのズレ。そのズレは赤ちゃんに不安を引きおこすほど強くはありません。むしろ驚きを生み，面白さを感じさせ，喜びの感情を抱かせるようなものなのです。その感情をお母さんと共有しながら，楽しさが次から次へと高められていきます。

　最後に第四は，このイナイ・イナイ・バーもよく観察すると，リズムがあるということです。お母さんはけっしてでたらめに「バー」と言って顔を出しているのではありません。赤ちゃんの様子をうかがい，その息づかいに合わせ，赤ちゃんの期待の高まりをキャッチして，その瞬間をねらって，あるいはその瞬間をわざと少しはずして「バー」と顔を出しているからです。ここにも赤ちゃんの期待のリズムを利用しようとするお母さんがいるのです。

4．赤ちゃんが期待すること

　お母さんが顔を静止させたときの赤ちゃんを思いだしてください。お母さんが顔を静止させると，赤ちゃんはすぐにそれに気づき，違和感を覚え，不快な情動を表現しました。赤ちゃんは大好きなお母さんの顔を見ているはずなのに，どうして不快に感じてしまうのでしょうか。

　生後4ヵ月ころには，赤ちゃんは人と出会ったとき，物とは違った振る舞いをすることに気づくようになっています。とくにそれがお母さんの場合は，それまでのやりとりから自分へのかかわり方を経験してきています。ですからお母さんは，お母さんらしい振る舞いをするものとして，赤ちゃんの心に組みこまれています。それは，お母さんとやりとりをするとき，お母さんへの期待として働くことになります。

静止した顔の場面は，お母さんへのこの期待を完全に無視した場面です。楽しくお母さんとやりとりしたい赤ちゃんは，その期待が裏切られたとき，楽しいはずがありません。もう一つ大切なこと。それは，そこには顔の運動の静止という現象があるだけではないということです。そこでは，心と心を結ぶ情動の交流も失われてしまいます。かかわろうとした相手に無視されたときの気持ちを思いだしてみてください。たいへん不愉快な感じだろうと思います。赤ちゃんも同じです。それも大好きなお母さんからの無視は，なおさら赤ちゃんの感情を不快にし，心を不安なものにさせてしまいます。

　人への期待感の強さは，人形の顔を見せればよくわかります。人形の顔は静止しています。しかし，赤ちゃんは人形の静止した顔にはほとんど違和感がないようです。ニコニコして人形を見ていることもあるくらいです。人形も人の顔をしているのになぜでしょう。それは人形が物だからです。赤ちゃんは，人と物とをはっきり区別し，人と物との振る舞いの違いがわかっています。

　イナイ・イナイ・バーは，赤ちゃんの期待にこたえ，同時にその期待をはぐらかす遊びです。そして，お母さんと豊かに情動を共有し，気持ちを重ねられる遊びです。それは，赤ちゃんの心に強い期待感をつくりだします。同じ人の顔という同一性が保証され，そこに期待どおりの顔が出てくるのですが，その出方は毎回変化します。しかしその変化は，赤ちゃんが驚いて怖くなるほど大きくはありません。少しビックリしますが，すぐに理解できる範囲内での変化です。お母さんはその範囲を敏感に察知して，イナイ・イナイ・バーを変化させます。ですから，赤ちゃんの心には瞬間的に緊張とその緊張の解消が生じ，その心の揺れ動きがたまらなく面白く感じられるのです。

　赤ちゃんの期待を裏切らないお母さんの応答。赤ちゃんの期待のリズムに合わせながら，そこにたくみに生じる微妙なズレの感覚。そして，そのズレをお母さんと共有できるときに感じる心のあたたかさ。赤ちゃんにそんな期待をいつも感じさせるのが，イナイ・イナイ・バーなのです。

第10章

模倣の不思議

　模倣とか真似ということばにはよいイメージがありません。自分のしていることが,「誰かの模倣」だといわれて気持ちがいい人はいないと思います。それは「サル真似」ということばを連想させるせいかもしれません。しかし,サルには真似が難しいのです。サルに模倣させるためには,ごほうびを何度もあげて,模倣させる行動のかたちに少しずつ近づけていく手続きが必要になります。模倣は人に特有なきわめて高等な能力です。

　人の子どもはすぐに模倣ができます。ですから**振り遊び**（ごっこ遊び）が得意です。子どもは振り遊びの代表であるままごとごっこが大好きです。このままごとごっこでは,いろいろと面白いことが起こります。たとえば,お姉ちゃんの真似をして空のコップで飲む振りをしていた女の子が,積み木で飲む振りをはじめたりします。模倣して空のコップの意味を理解したその子には,積み木もコップの代わりにできるのです。その子の頭のなかでは,コップではない積み木がコップになっています。人の模倣では,こうした新しい気づきが生みだされます。だから,振り遊びには次々と新たな展開がみられるのです。

1. 顔の表情の模倣

　生まれたばかりの赤ちゃんは，顔の表情を模倣します。それは新生児模倣と呼ばれます（図27）。赤ちゃんの目の前で，アカンベーと舌を出したり，大きく口をあけたりして見せると，同じような行動をします。いつでもみられるわけではないため，この模倣がほんとうにあるのかどうか議論がありました。しかし，今ではその存在が広く認められるようになっています。また，チンパンジーの赤ちゃんでもその存在が報告されています。
　しかし，どうしてそんな模倣ができるのでしょう。それは不思議な現象です。なぜかというと，生まれたばかりの赤ちゃんは，鏡で自分の顔を見たことがないからです。自分の顔を見たことがない赤ちゃんには，どこの筋肉をどう動かせばどんな表情になるのか，そんなことはまったくわからないはずです。それなのに，どうして相手の舌だしを見て，自分も同じように舌を出すことができるのでしょうか。自分の顔が見えないのに，自分の顔の動きが，相手の顔の動きと同じだとどうしてわかるのでしょうか。模倣研究で有名なメルツォフは，相手の顔を見て受けとる視覚情報と自分の顔の動きを感

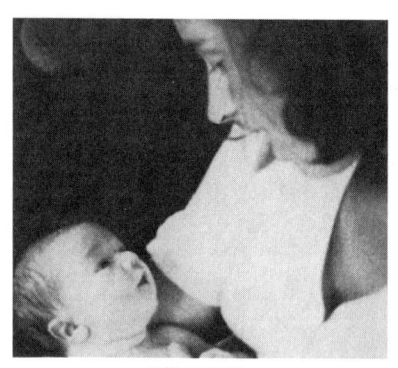

　　　　　母親の舌だし　　　　　　　　　　　新生児の舌だし模倣

図27　生後6日児の舌だし模倣
Bower, T. G. R.: *Human development*. Freeman, 1979（鯨岡峻訳『ヒューマン・ディベロプメント―人間であること・人間になること』ミネルヴァ書房，1982）

じる筋肉運動情報との比較が可能な仕組みが脳にあるからだと説明しています。しかし，この説明を聞いても何か不思議な感じが残ります。

　こんな説明もあります。顔の表情の模倣は，その背後にある相手の情動に共鳴する心の仕組みによって生じるのだという説明です。ただ，これではどうして顔を同じかたちにできるのかがわかりません。けれども，人の赤ちゃんは誕生直後から情動を使ってお母さんとの関係づくりをめざしており，新生児模倣は他者との共有関係を身体のレベルで行っているのだとするこの説明は面白いと思います。

　新生児模倣がみられなくなる生後2ヵ月ころには，人の顔を見てほほえむ社会的微笑がはじまります。やがて，お母さんとのあいだでの微笑のやりとりが頻繁にみられるようになります。この親と子の微笑のやりとりは情動の共有関係であり，人では模倣行動が情動的な共感という心を結ぶ形態をとって継続していきます。すでに指摘したように，こうした人の赤ちゃんの社会的微笑に典型的にみられるような豊かな情動の共鳴性が，新生児模倣といった原初的な共有関係をレベルアップさせ，自他の気づきを生みだしていくのだろうと思います。そこには，相手の意図を理解した模倣行動への展開へとみちびく役割を演じる可能性があります。

　また，脳の**ミラーニューロン**の働きとの関係が指摘されることもあります。これは，自分が行動するときと，他者がそれと同じ行動をするときの両方で活動する神経細胞の介在を示唆するものです。しかし，現在のところ，ミラーニューロンと模倣とのあいだにどのような関係があるのかはまだわかっていません。たとえば，サルにはミラーニューロンがありますが，他者の行動を模倣する能力はきわめて乏しいことが知られています。また，ミラーニューロンは相手の行動に直接的に共鳴するような現象ですが，人間の赤ちゃんの模倣にはそうではない特徴がいくつもあります。人間の赤ちゃんは，第一に，今見ているものを無視して記憶を使った模倣をします。第二に，共鳴的に反応するのではなく能動的に自分の行動を修正します。第三に，今見た相手の動作の真似ではなく，その動作の目的や意図を再演しようとします。こうした人間の赤ちゃんに特有な模倣特徴は，ミラーニューロンだけで

は説明できない現象なのです。

2．バイバイの模倣

　最初のお誕生日を迎えるころには，バイバイを模倣するようになります。「バイバイ」と手を振ってあげると，ニッコリほほえんで同じように手を振ってくれます。手を振ってくれる人を見ながら，手を振る真似をしてくれます。このように模倣の対象を見ながら行う模倣を**即時模倣**といいます。やがて，かつて誰かがしていたことを思いだして，その動作を模倣することもできるようになります。この延滞模倣では，真似の対象になる動作を見ることはできません。その動作を頭のなかに表象として思い浮かべる必要があります。ですから，即時模倣とは発現のメカニズムが違います。延滞模倣ができるということは，頭のなかにイメージを長く記憶し，それを思いだして模倣できるようになったということです。

　さて，バイバイの模倣に戻りましょう。この模倣をよく見てみると，面白いことに気づきます。子どもが相手の手をどのように見ているか，想像してみてください。子どもは「バイバイ」と言って振られる相手の「手のひら」が自分のほうに向いているのを見ています。そうすると，見た動作をそのまま模倣するなら，自分の手のひらが自分に見えるように振るのが正確な模倣であるはずです。しかし，子どもたちは相手に手のひらを向けてバイバイをします。自分が相手の手のひらを見るように，相手にも自分の手のひらが見えるようにしています。つまり，子どもは自分のバイバイという身振りが相手から見たらどう見えるかを，ちゃんと計算に入れて手を振っているのです。そこには，自分の視点を相手の位置に移し，相手から見える世界を想像しながら，おたがいが経験する世界を等しいものとして共有できる心の働きがあります。

　この心の働きが失われると，共有関係がそこなわれますから，他者とのコミュニケーションは非常に難しくなります。私たちは，自分と相手を見つめる視点に立ち，その相手が今，何を感じ，何を見て，何を考えているのかを

理解しようとしながら話をします。だから，うまくコミュニケーションできるのです。相手のことなどお構いなしに話そうとする人とは，スムーズなコミュニケーションはなりたちません。私たちは，相手のことを考えて話そうなどとあらたまって思わなくても自然にそうできますから，こんなことは当たり前のこととして，ほとんど意識することはありません。しかし，それはけっして当たり前のことではないのです。

自閉症の子どもたちを見ると，それは簡単ではないことがわかります。自閉症の子どもたちのバイバイは，手のひらが自分のほうを向いていることがあります。自分から見た世界に忠実であろうとし，相手から自分がどう見えるかということが気にならないからです。それは，相手の視点に立つことが難しいことを意味します。ですから，自閉症児は他者とコミュニケーションがうまくとれませんし，ことばの発達も遅れることになってしまうのです。

3．額でボタンを押す動作の模倣

模倣についての考えを深めてもらうために，私が試みた模倣実験を使って問題を出します。少しのあいだ，考えてみてください。

〔額押し模倣の問題〕

　上に突きでたボタンを押し下げると，透明なプラスチックのなかでメリーゴーラウンドがクルクルまわる玩具があります（図28）。この玩具を1歳から2歳過ぎの子どもの目の前に置き，実験者が手でボタンを押し下げて，なかのメリーゴーラウンドをまわして見せます。まわり終わったら，子どもの手が届くところに，その玩具を移動させます。すると，子どもも同じように手でボタンを押して，メリーゴーラウンドをまわしました。さて，この子は実験者の模倣をしたといっていいのでしょうか？

私は「模倣かどうかわからない」と答えたいと思います。実験者と同じ行動をしていますから，模倣である可能性はあります。しかし同時に，模倣で

図28 メリーゴーラウンド型の玩具

はない可能性もあります。どうしてかといいますと、実験者がこの玩具のボタンを手で押さないで渡しても、1〜2歳児は手でボタンを押そうとするからです。上に突きでたボタン自体が、子どもに手で押すようにという情報を発信しているからです。こうした情報を**アフォーダンス**といいます。ですから、手でボタンを押した子どもの行動は模倣ではない可能性も同じくらいあるのです。

　私はこの玩具を子どもの前に置き、ボタンを額で押して見せたことがあります。この動作を模倣するかどうか、確認したかったからです。もしも子どもも額で押す行動をすれば、それは模倣であるといっていいでしょう。その玩具を渡されて、自分から額で押す行動をする子はおそらくいないからです。多くの子どもにためしていますが、いまだにそんな子にお目にかかったことがありません。もちろん絶対にいないとは断言できません。しかし、額で押す行動は、手で押す行動より、模倣である可能性が格段に高いとはいえるでしょう。

　ボタンを額で押してメリーゴーラウンドをクルクルまわして見せると、1歳くらいの子どもたちはけげんそうな顔をします。「変なおじちゃん」とい

った目つきをして，私の顔をのぞきこむようにする子もいます。1歳ころの子どもにとって，ボタンを額で押すのはすでにおかしなことに感じられるようです。ボタンは手で押すものだという理解があり，その理解と合わない動作には違和感をもつようです。生後半年くらいの赤ちゃんでも人の動作の意図を理解する可能性がありますから（第8章参照），最初のお誕生日を迎える子どもたちが，額で物を押す動作に違和感をもっても不思議ではありません。1歳児は，人がどんな物にどんな動作をするか，予想しながら人を見ているということです。他者からの視点で物を見はじめているともいえます。

1歳半を過ぎるころには，額でボタンを押す模倣をしはじめます。ただ，1回やって見せただけではだめで，数回やって見せたあとに模倣します。真似することにためらいがあるようです。1回見せただけで模倣するようになるのは2歳過ぎになります。1歳半より少し前の子どもは，模倣をしようとしますが，次第に口がボタンに近づいてゆき，最後は口で押してしまいます。物の操作には，額より口のほうが慣れているからです。口で押す子も私の額にさわりにきたりしますから，額で押すのはわかっています。しかし，自分でやろうとすると，どうしても口で押してしまいます（図29）。

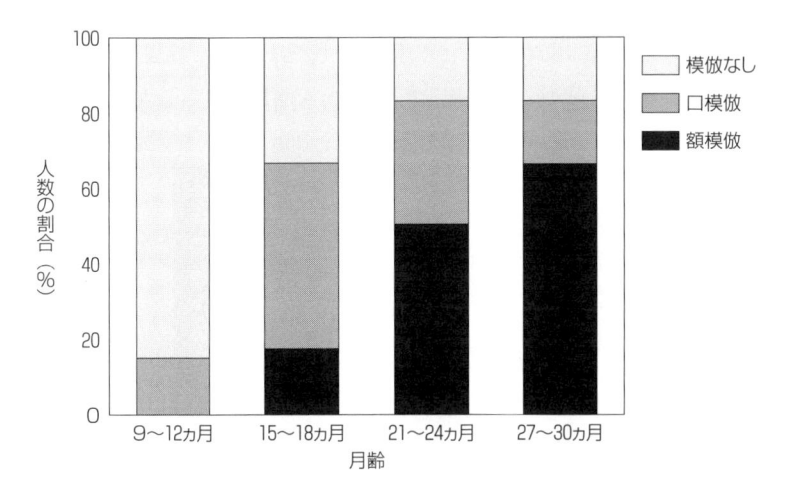

図29 額押し模倣の出現
大藪泰『共同注意―新生児から2歳6ヵ月までの発達過程』川島書店，2004

では，どうして子どもたちは，額で押すという変わった動作を模倣しようとするのでしょうか。それは，私がなぜ額でボタンを押したのか，その意図は何か，自分でやってみて確認しようとするためだと考えられます。メリーゴーラウンドが回転することが面白く，それを再現するだけなら，手で押してまわせば十分です。しかし，ただ再現するだけでは満足できないのでしょう。私が何をしているのか，それが気になり，模倣しようとします。ですから，それは私と同じような動作をする単なる**形態模倣**ではなく，私の意図をも再現しようとする**意図模倣**だと考えられます。その模倣行動には，額で押して見せている他者の視点が反映されています。

　2歳を過ぎてくると，額押し行動を1回見ただけで模倣をするようになりますが（図30），そこには単なる意図の再現ではなく，自分もそれくらいできるよという**自己主張**や，できる自分を認めてもらいたいという**自意識**も反映されているように考えられます。いずれにせよ，額押し行動という新しい動作を実行することにより，子どもは私とのあいだで共有世界をつくりだし，私のやっている動作のレベルに達することになるのです。

　人の子どもの模倣は，相手の身体動作の真似をするだけではありません。そこには，相手の心との重なりあいがあります。身体と同時に心も相手と重ねあおうとする，そこに人の子どもの模倣がもつすぐれた特徴があるのです。

　子どもたちは，何回かこの額押し行動を繰り返します。しかし，すぐに額

図30　24ヵ月児の額押し模倣

で押そうとはしなくなります。額押し行動がどんなことかがわかれば，もうそんな面倒なことはしなくてもよくなるのでしょう。手で押すほうがずっと簡単なのですから。

　こうした子どもの営みには，人の**文化**がほかの動物と比べて格段に発達した原因の一つが隠されているように考えられます。子どもの模倣行動には，文化をもつ人の世界に気づき，その世界を共有しようとする意志が感じられます。ここでは，それを指摘するだけにとどめておきたいと思います。

　次に，額押し模倣に対するこうした私の解釈を支持する研究を紹介します。この実験でも，1歳を少し過ぎた子どもを対象にして，額を使った行動の模倣ができるかどうかが検討されました。額でパネルにさわると明かりがつく装置が使われています。例示者はある場面では，ブランケットをはおるだけで両手をテーブルに乗せたまま，テーブル上の装置に額で触れて明かりをつけます。別の場面では，ブランケットで上半身を手も含めてすべてくるんでおり，額で触れるときには両手が隠されていて見えません。どちらの場面でも例示者は額でパネルに触れて明かりをつけていますから，子どもはどちらも同じように模倣してよいはずです。しかし，子どもは両手が見えているときに模倣することが圧倒的に多かったのです。どうしてでしょうか。

　この実験を行った研究者は，両手が見えないときには，子どもは例示者が仕方なく額を使ったと理解し，他方，両手が見えているときには，例示者は手ではなく額を使うほうを意図的に選んだと理解したのだと解釈しています。そう考えると，子どもには，両手が見えるときになぜ実験者が額を使ったのか，その理由を確認するために模倣する必要があったのだと推測できます。ここでも，子どもは例示者の意図を問題にしています。また，子どもは理詰めで模倣をしているように見えますから，**合理的模倣**と名づけられています。

4．損をしてもする模倣

　2歳児とチンパンジーを対象に，柵の向こう側にあり，手を伸ばしても届

かない小さなお菓子を，道具を使って取る動作を用いた模倣研究があります。潮干狩りで使われるような道具で，棒の先の一方の側には熊手が，もう一方の側には鋤がついています。実験者は，熊手を使う場合と，鋤を使う場合のどちらかをやって見せます。

　すると，チンパンジーはどちらを見せた場合も，すき間がない鋤を使ってお菓子を取りますが，人の子どもは熊手の場合は熊手を，鋤の場合は鋤を使って取ろうとしたのです。熊手にはすき間があってうまくお菓子を取れませんが，それでも人の子どもは熊手にこだわりました。ですから，チンパンジーのほうがお菓子を効率よくたくさん手に入れることができます。どれくらいたくさんお菓子を手に入れることができるかという点で見ると，チンパンジーのほうが人の子どもよりずっと頭がよさそうです。ほんとうにそうなのでしょうか。

　実験を行った研究者は，この結果を次のように解釈しています。「チンパンジーは実験者がやって見せた振る舞いのどこを見ているかというと，"鋤と熊手がついた道具—お菓子"という関係だけを見ている。一方，2歳の子どもは，"実験者—鋤と熊手がついた道具—お菓子"というもっと大きな関係を理解しようとする。だからこんな結果になったのだ」というのです。つまり，人の子どもは"実験者—道具—目標"という全体を理解しようとしますから，実験者が鋤を使わないでわざわざ熊手のほうを使おうとするのはなぜなのか，その意図を知りたいと思うのだろうというのです。ですから，うまく取れなくても繰り返そうとします。繰り返して，その理由を知ろうとするのです。

　2歳児は，人の振る舞いのなかに意図や理由があるはずだと感じ，それを自分の行動を使って見つけだそうとします。先ほども指摘しましたが，2歳児は，人がやっている動作に自分の動作を重ねあわせながら，心と心を重ね，意図を探ろうとするのです。同じことをするところを人に見てもらって，自分を認めてもらいたいという気持ちもあるように思います。そうすることが楽しいのかもしれません。

　しかし，おそらくチンパンジーにはそうした豊かな心の働きは乏しいので

す。ですから，チンパンジーのほうが効率よくお菓子を取ることができます。しかし，それはその場かぎりの成果です。チンパンジーは，ただお菓子がたくさん手に入ればよい，そう考えているようです。その行動からは，他者の意図に気づき，心と心を重ねあわせ，世界を共有しようという気持ちが見えてきません。

5．動作のかたちを真似しない模倣

　私たちはしようと思ったことがすべてできるわけではありません。したいと思ったことをしそこなうことは多いものです。それでは，しそこなう場面を見た子どもは，その行動をどのように理解するのでしょうか。しそこなう場面を見ていた子どもは，その人がしようと思っていたことを実行しようとするのでしょうか，それとも，実際に目撃した（しそこなう）動作のほうを実行しようとするのでしょうか。こうした視点からも，子どもが模倣しようとするのは，その人の意図なのか，それとも実際に見た動作なのか，ということが検討できます。

　このことを1歳半くらいの子どもを対象に検討した研究があります。くっついた物同士を両手の親指と人さし指ではさみ，左右に引っ張って離そうとするところを子どもに見せます。引き離しに成功した場面と，引き離すのに失敗した場面の2つがあり，そのどちらかを見せます。そして，その道具をくっついたまま子どもに手渡すのです。すると子どもたちは，どちらの場面を見ても，くっついた物を引き離そうとします。ですから，子どもは人の動作を模倣するとき，けっして自分が見たものをそのまま再現しようとするのではありません。

　この1歳半の子どもたちに，人の手と同じようなかたちをし，同じような動きをする装置を使って，引き離す場面と引き離せない場面を見せてみます。すると，今度はその装置の動きと同じ動きを再現するようになります。つまり，その装置が引き離しに成功すれば，引き離そうとし，失敗すれば，失敗する動作をするのです。

1歳半の子どもたちは，人と物との違いに気づき，それらが同じような運動をしても，そこには本質的な違いがあることに気づけるのです。人の動作を見ると，そこにその動作の目標や意図を見いだそうとします。しかし，物の運動にはそうした心の働きを見いだそうとはしないのです。

人の模倣は，新生児模倣という情動的なかかわりを基盤にした動作の模倣からはじまります。その模倣活動は，誕生後1年ほどのあいだに，新生児模倣という形態模倣から，相手の意図を共有しようという意図模倣へと大きく発達します。しかし，この発達のプロセスはまだ知られていません。もしかしたら，新生児模倣やその後に出現する社会的微笑などでみられる人に特有な情動共有のなかに，意図共有を生じさせる萌芽的営みがひそんでいるのかもしれません。

人の赤ちゃんは，情動を共有しながら，自分や他者の心の営みに気づいていきます。そこには，他者の心に自分の心を重ねながら，その重ねた世界から距離をとり，対象化して見つめる視点があらわれています。その視点を可能にさせるものを「静観能力」と呼びたいと思います。人の情動の特徴は，情動が出現させる世界を対象化させ，それに気づく知的な心の能力を潜在させていることだと考えられます。いわば**情動知**ともいうべきものです。

人の子どもの模倣は，けっして相手の見かけを真似しようとするものではありません。そうではなく，その人がどんな意図をもち，何を目標にしているのか，それを鋭敏にとらえ，その意図を再現しようとします。その結果，相手の動作とかたちが一致する場合も，一致しない場合も出てきます。人の子どもの模倣は，動作のかたちだけを真似しようとする「サル真似」ではありません。それは，目に見える動作の形態の模倣ではなく，目には見えない意図の模倣なのです。

他者との情動的なかかわりを基盤にしながら，動作の背後にある意図や理由を静観的に探ろうとする。その営みをとおして，他者との共有世界の構築に懸命に取り組んでいるのが人の子どもの心なのです。

第11章

意味世界への誘い

　私たちの身のまわりには，いろいろな物や出来事が満ちあふれています。それらの多くは，人がつくりだしてきたものです。人がつくりだしたものには2つの世界があります。一つは，目に見えて手でさわれる「物」の世界です。もう一つは，目にも見えず手でもさわれない「意味」の世界です。人は何かをつくりだすとき，そこに意味をこめます。人がつくりだした物や出来事には意味がこめられています。そして，その意味が他者に共有されるとき，意味世界が出現します。他者に共有されない意味は，やがて消え去ってしまうからです。

　大人はこの意味世界によく慣れ親しんでいます。ですから目新しいものがあれば，その意味を探ろうとします。そして多くの場合，その意味に一人で気づき，共有することができます。しかし，生まれたばかりの赤ちゃんは，意味の存在自体を知りません。それなのになぜ赤ちゃんは，物や出来事の背後にひそんでいて，見ることもさわることもできない意味世界に気づき，理解が可能になるのでしょうか。

1．人と一緒に見る物の理解

　赤ちゃんが物と出会ったとき，赤ちゃん一人では物がもつ意味に気づけま

せん。たとえば，誰もいないところで，赤ちゃんがはじめてスプーンを見つけたとします。スプーンには「物をすくう」という意味があります。スプーンは，人が物をすくうためにつくりだしたものだからです。しかし，スプーンはけっしてその意味を赤ちゃんに教えてはくれません。物は自らがもつ意味を自発的に示すことはできません。ですから，意味の世界を知らない赤ちゃんには，スプーンの意味を知ることは難しいのです。

　しかし，もう一つ，スプーンの意味が隠されている場所があります。その場所とは，すでに意味の世界で十分に生きてきた人のことです。その人にはスプーンの意味がわかっています。そして，スプーンをスプーンとして適切に使うことができます。スプーンを適切に使う大人は，製作者がスプーンにこめた「物をすくうという意味」を理解し，「物をすくおうと意図」してスプーンを使っています。ですから，それはただスプーンを使うのではありません。スプーンがもつ意味を使って見せてもいるのです。

　一方，第10章の鋤と熊手を使った模倣実験からわかるように，人の赤ちゃんはスプーンとスプーンですくわれる物との関係だけを見ているのではありません。スプーンを使う人の動作から，その人の内部に隠された意図を理解しようとするのです。それは静観的な理解です。

　赤ちゃんがスプーンを使い手の意図まで共有しながら理解しようとするとき，そのスプーンは他者の精神世界と結びついた物として存在することになります。そのとき，スプーンは赤ちゃんにとって単なる物ではなくなります。それは，他者と共通した意味を共有するスプーンになるのです。そこには**文化物**としてのスプーンが新たに生まれでてきます。そして，それはまた，赤ちゃんを人がつくりだした広大な文化という意味世界へみちびくような出来事でもあるのです。

　人がスプーンを使う場面を実際に見ることが，赤ちゃんにスプーンの意味に出会わせるのだといいますが，そこには少なくともこうした出来事が起こっています。人の赤ちゃんは，他者の意図に深く気づけるがゆえに，人を意味の宝庫として利用できるのです。

2．対面的共同注意

　人と一緒に物を見る関係を**三項関係**といいます。そこには，自分─物─他者という3つの項があるからです。それは，自分と他者が物に対して注意を向けあう関係でもありますから，共同注意ともいわれます。前記のように，共同注意場面は，赤ちゃんが物のもつ意味を表現するお母さんと出会える場面です。ですから，共同注意は赤ちゃんが物の意味を理解するためには欠かせないものです。

　一般に，共同注意は生後半年以降からはじまるとされます。共同注意に関する多くの実験的研究を行った**バターワース**（Butterworth, G. E.）は，赤ちゃんが他者の視線を追って成立する共同注意は生後6ヵ月から開始されることを報告しています。共同注意の有力な研究者であるトマセロは，共同注意の開始時期を生後9ヵ月としています。その理由は，生後9ヵ月以降にならないと，赤ちゃんは相手の意図の理解が可能にならないからです。共同注意とは，相手も同じ物を見ているということに明確に気づきながら一緒に見ることです。2人の人が偶然同じ物を見ても，相手が見ていることに気づけなければ，そこにはどんな有効な関係も生じません。

　生後9ヵ月以降，共同注意場面で相手の意図理解が明瞭になるのは確実です。たとえば，ある物を一緒に見ているお母さんの顔を見て，またそれを見るという**視線交替**が明確に出現します。これは，お母さんが自分と同じ物を見ていることを確認しようとする行動ですから，お母さんの意図に明確に気づいているといえます。やがて，指さしも出現してきます。自分が面白いと感じた物を人さし指を使って指し示し，お母さんの顔を振り返って，一緒に見ようとします（図31）。これは典型的な共同注意行動です。

　しかし，共同注意が生後半年以降に発現するという主張には，必ずしも賛同できません。もう少し丁寧に考える必要があると思います。赤ちゃんの共同注意は生後9ヵ月になって突然生じるものなのでしょうか。共同注意の能力は，何もないところ，つまりゼロから突如としてあらわれるものなのでし

図31 牧場でお母さんと牛を見ながら
指さしする（13ヵ月児）

ょうか。多くの赤ちゃんを見てきた経験からも，近年の赤ちゃん研究からも，そのようには思えません。赤ちゃんの共同注意の原初形態は，生後半年以前にすでに存在すると思われます。私は，その共同注意を**対面的共同注意**と呼んできています。共同注意の実験的研究の創始者とされる**ブルーナ**(Bruner, J. S.) も，生後半年以前にみられる共同注意について触れています。次に，この対面的共同注意について少しくわしく見ていくことにします。

　生後半年以前の時期は，従来から，赤ちゃんとお母さんが見つめあう**二項関係**の時期だとされ，三項関係にもとづく共同注意についてはほとんど論じられてきませんでした。この時期は，たしかに"赤ちゃん─お母さん"や"赤ちゃん─物"という二項関係が中心の時期です。しかし，その二項関係のなかに第三項があらわれる場面もまた少なくはありません。お母さんが赤ちゃんと顔を合わせながら，その対面軸上に，いろいろな物を持ち運び，それを一緒に見る場面は日常的な出来事だからです。むしろ，そうした経験こそ，仰向けで横たわる姿勢を獲得した人の赤ちゃんに特有な経験として注目されるべきだと思います。具体的な例を示してみましょう。

　最初はハンドリガードです（図32）。第6章の感覚−運動的知能で取りあげた第一次循環反応の典型的なものです。この行動自体はお母さんとは関係

図32 ハンドリガード（3ヵ月児）

がありません。それは、自分の手を繰り返し持ちあげ、手の向きやかたちをいろいろと変えながら、じっくりと見つめる行動です。手の動きやかたちを目で確認しながら、その運動感覚を身体でも感じとり、この2つの感覚を結びつけようとするかのようです。こうした活動から、赤ちゃんが自分の身体に気づき、ほかの物との区別をしていくことは、第6章と第7章で指摘してあります。

　ハンドリガードは、自分が住まう環境のなかで、ほかの物とは異なる自らの身体に気づき、自分の身体が占める領域を確認させるようなものなのかもしれません。このハンドリガードという現象は、目の見えない赤ちゃんにも一時期出現するようです。もしもそうだとするなら、目の見えない赤ちゃんの身体にも、目の前の空間を使って、そこに"何か"を位置づけさせようとするような生得的な行動傾向がそなわっている可能性があります。

　このハンドリガードは、赤ちゃんが自分の身体を使って行う活動です。そこにはお母さんが登場する必要はありません。赤ちゃんは、自分の手を一人でしげしげと見つめ続けるだけです。

　ちょうどこのころ、お母さんは赤ちゃんがハンドリガードするあたりに物を運びこんできます。お母さんもまた、絶妙のタイミングで、赤ちゃんが目の前に準備する地点に"何か"を位置づける手助けをするのです。それは、

第11章　意味世界への誘い　139

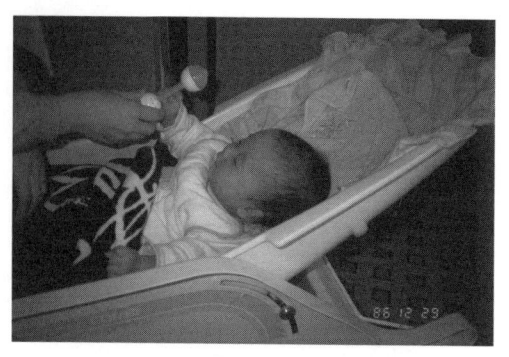

図33 ガラガラへの手伸ばし（3ヵ月児）

たとえばガラガラであるかもしれません。3ヵ月を過ぎ，4ヵ月ころになると，赤ちゃんはそのガラガラに手を伸ばし，お母さんと一緒に握りあって，活発にやりとりをします（図33）。そこでは，ガラガラを見たり，お母さんの顔を見たりする視線交替も頻繁に起こります。また，1日に何度も経験する食事場面は，この関係が生じる典型的な場面です。ここでもスプーンを見たり，お母さんの顔を見たりの視線交替が生じます（図34）。赤ちゃんは，お母さんがお椀のなかにスプーンを入れ，スプーンを動かして食べさせる準備をしている様子をじっと見つめます。そのときの様子をよく観察すると，赤ちゃんは，お母さんに注意を集中させると同時に，お母さんの顔を見て，お椀やスプーンに視線を移し，またお母さんの顔を見るというように視線を動かしています。食事場面で赤ちゃんは，お母さんが次にしようとする行動を予想しながら待っているのです。ですから，赤ちゃんはお母さんの意図を探るような視線交替をさかんに行うのだと思われます。

　お母さんとのガラガラでの遊びや食事場面で登場する物は，いずれもお母さんとの対面軸上，あるいはその軸に非常に近い場所にあるのが特徴です。生後半年以前の赤ちゃんは，お母さんと対面しながら第三項を用いてやりとりをするのです。そして，そのやりとりの場面で赤ちゃんは，共同注意に必要な条件としてトマセロらが強調する視線交替をお母さんと物とのあいだで行っています。

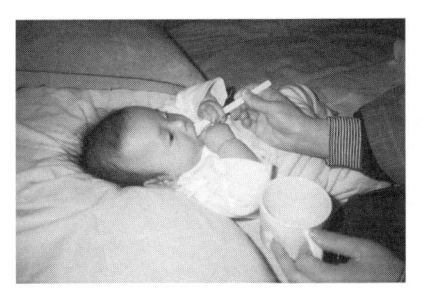

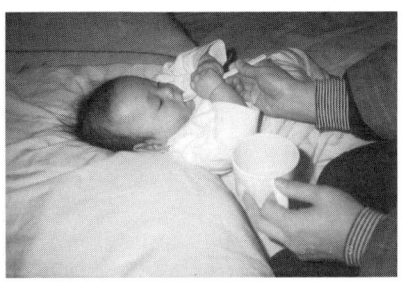

図34 スプーンをもってお母さんの顔を見る／スプーンをもつ手を見る（4ヵ月児）

　近年，多くの研究が，この時期の赤ちゃんはお母さんの意図に気づく可能性があることを示唆しています。第8章の第3節で紹介した研究もその一部です。ここではその詳細にはふれませんが，こうした実験的な研究から，生後半年ころの赤ちゃんは，他者の行動を見ただけで，他者が感じることやしようとする意図を読みとっていることが推測できるのです。

　さらに，ここで強調しておきたいことは，赤ちゃんが実際の生活場面で出会うお母さんは，実験場面での実験者の振る舞いとは違うということです。実験者の振る舞いは，お母さんが赤ちゃんとかかわろうとする姿勢とはまったく異なっています。実験者は，赤ちゃんの行動に影響しないように抑制して振る舞うのが普通です。しかし，赤ちゃんとできるだけ深くかかわりたいと願うお母さんは違います。お母さんは，赤ちゃんとはじめて出会ったときから**対話**をしようとします。それは自分の心と赤ちゃんの心を重ねあわせようとすることです。

　バフチン（Bakhtin, M. M.）は，そうした対話場面では，人の声は自分の声であると同時に相手の声でもあると指摘します。対話をする人は他者に語りかけるとき，他者からの語りかけを同時に聞いてもいるからです。そして，他者から語りかけられる声を聞き，それを反映させながら語りかけているからです。

　それは，お母さんが赤ちゃんに語りかけるときも同じです。お母さんは赤ちゃんと対話しようと願うからです。赤ちゃんには，まだことばがありませ

第11章　意味世界への誘い　　141

んから，語りかけることはできません。しかし，お母さんは，心のなかで赤ちゃんの声を聞こうとします。ですから，あたかも赤ちゃんの声に耳を傾けるかのように，語りかける前に間をおくのです。続けざまに語ることはありません。赤ちゃんの心に触れたいと願うお母さんは，ゆっくりとしたペースで，赤ちゃんの心に自分の心を重ねあわせ，赤ちゃんの声に耳を傾けながら，その声のようになって語りかけようとするのです。それがマザリーズなのだと思います。

　お母さんが赤ちゃんと対話するときにみられる独特な特徴は，語りかけだけにあらわれるわけではありません。それは，お母さんの身体の動作にもあらわれます。お母さんの動作には熱がこもり，単純化された繰り返しが多くなり，やりとりの流れに応じて中断されやすい傾向がみられます。お母さんの動作は，適切な区切りでまとまるので，動作の意図が理解しやすくなる可能性があります。こうしたお母さんの動作はマザリーズに似ているため，**モーショニーズ（動作語）**と呼ばれることがあります。

　図35をご覧ください。この写真は，交通事故にあって意識をなくし，植物人間状態になってしまった娘に向けて，彼女が好きだった人形を見せ，語りかけているお母さんです。このお母さんは，目が見えず，耳も聞こえない娘に向かって，何を見せ，何を聞かせようとしているのでしょうか。おそらくお母さんは，娘の心に自分の心を重ねあわせようとし，娘が見るように人形を見ながら，娘が人形に語るように人形に語るのだと思います。この人間に特有な他者への語りかけは，お母さんが赤ちゃんに語りかけるときも同じです。赤ちゃんが出会うお母さんは，こうしたお母さんなのです。

　対面的交流場面で赤ちゃんは，マルチモーダルな感覚的出会いをするのはもちろん，豊かな情動表現をしながら自分の心と重ねあわせようとするお母さんと出会っていることになります。それは，赤ちゃんにお母さんとのあいだで特異な情動共鳴を体験させます。赤ちゃんにはお母さんに対する特有な感覚が引きおこされるのです。第8章で論じたように，こうしたお母さんとの体験過程をとおして，自分への気づき，お母さんの意図の理解，物に対する認識が育てられるのだと推測されます。

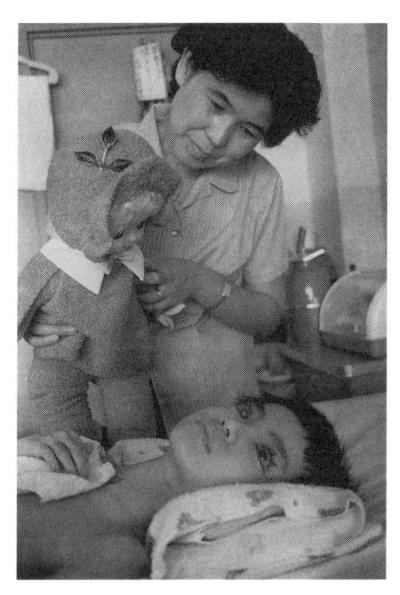

図35 母親が意識のない娘に語りかける
（撮影者：高山清隆）

日本写真協会編『日本の子ども 60 年』新潮社，2005
この写真は，撮影者の許可を得て，大藪泰「共同注意研究の現状と課題」『乳幼児医学・心理学研究』18 巻，1-16 頁，2009 に掲載したものである。再掲にあたって再度許諾を得るべく努力を重ねたが，コンタクトがとれなかった。

　赤ちゃんは生後半年以降になると，お母さんと顔を合わせるより，むしろお母さんの顔を避けるようになります。これは，お母さん以外の物に対する関心が高くなるためです。トマセロらが主張する共同注意は，生後半年を過ぎるころから活発化する外界への注意の広がりにともなって出現するものです。この共同注意に必要な条件は，すでにその原型が対面的共同注意のなかにあるのです。共同注意の対象は，お母さんとの対面する軸の内側から，その軸の外側へ向かって発達するのだと考えられます。

第11章　意味世界への誘い　　143

3．意味世界への気づきと理解

最初のお誕生日に近づくにつれて，赤ちゃんはお母さんと心を重ねて，周囲にあるさまざまな物や出来事を見つめるようになります。発達した共同注意が活発にみられるようになります。そして，この共同注意の場面で，赤ちゃんはお母さんから物や出来事がもつ意味をすばやく学んでいきます。

(1) 物の意味の理解

身のまわりには意味をもつ物がたくさんあります。しかし，その意味は見ることも，さわることもできません。意味は物のなかにひそんでいます。赤ちゃんは物にひそむ意味にどのように気づき，どのように理解していくのでしょうか。1歳のお誕生日をまぢかにした雄太くんが笛に出会った場面を例に考えてみます。

〔雄太くんによる笛の理解〕

雄太くんは笛をはじめて見ました。しかし，雄太くんが見ている「フエ」は，私たちが見ている笛ではありません。雄太くんがそこに見るのは，そういうかたちをした「フエ」という物にすぎません。雄太くんは誰かがそれを吹くところを見て，はじめて「フエ」がもつ意味に気づけるのです。そんなことは当たり前だと思われるかもしれません。しかし，けっして当たり前ではありません。当たり前だと思うのは，雄太くんが何を理解しているのか，その本質に気づけないためです。雄太くんは，「フエ」という物，「イキヲフキカケタ」事実，「オトガシタ」という事実，これらだけを結びつけて理解したと考えやすいのです。しかしそうした理解は，雄太くんの心が理解した大切なことを見落としています。

雄太くんはお母さんが笛を吹くところを見たとき，「オカアサン」「フエ」「フクコト」を見るだけではありません。そのとき，雄太くんは笛を吹くお母さんの意図に気づき，その意図も一緒に"見る"のです。その意

図に"静観的に気づく"といったほうがよいかもしれません。人の行動の背後にある意図に気づける雄太くんは，お母さんが笛を「吹こう」として吹いたことに真っ先に気づくのです。雄太くんは，「オカアサン」「フエ」「フクコト」をただ物と動作とのつながりとして理解するのではありません。雄太くんは，見かけの出来事だけでなく，その背後にある意味世界を理解しようとするのです。
　雄太くんは，笛を吹こうとするお母さんの意図に自分を重ねられるがゆえに，笛は口で吹いて奏でるものだという意味に気づけます。そのとき，雄太くんにとって「フエ」はただ音が出る物ではなくなります。その「フエ」は，お母さんと意味を共有した笛であり，"吹いて音を出すためにつくられた物"という文化的意味をもつ笛になるのです。

　物がもつこうした意味の理解は，人の世界をほかの動物の世界とはまったく異なるものにさせます。それは，単なる物や出来事の結びつきを理解した世界ではありません。人の世界では，そこで生じる出来事に意味があり，子どもはその意味を理解しようとしますから，その意味の理解を確認しようとして，笛ではないものを吹いてみるような「誤り」をすることがあるのです。あるいは，意味の理解を逆手にとって，笛ではないものをわざと吹いてみる素振りをして，大人をからかうことさえできるのです。
　たしかに，子どもが笛を一人でいじっているあいだに偶然息が吹きかかり，音が鳴る可能性はあります。そして，吹くことを繰り返し，音を出すかもしれません。しかし，その「フエ」は他者とのつながりを欠いた「フエ」であって，けっして他者と意味を共有した文化物としての「笛」ではないのです。

(2) ことばの意味の理解

　お母さんが雄太くんに笛を吹いて見せるとき，そこには必ずといっていいほど，もう一つの共同注意対象が登場します。それは「フエ」という音声です。お母さんは笛を見せながら黙って笛を吹くことはしません。「ほら，フ

エだよ」とか「フエ，ピーピー鳴るよ」というように語りかけます。そして，その語りかけはけっしてことばだけではありません。そこには豊かな情動があり，気持ちをしっかり雄太くんに向けながら，心をこめて「フエ」という名前を語ろうとします。「フエ」という音声が笛を指し示すことを，意図的に伝えようとします。

　それゆえ，人の意図を鋭敏に理解するようになると，子どもはもう一つの意図のルートに気づきます。雄太くんは，お母さんの「フエ」という音声が実際の笛を指し示すことを理解するのです。その理解もまた，けっして「フエ」という音声とそこにある「フエという物」が結びつくだけではありません。雄太くんは「フエ」という音声を使って笛を指し示そうとするお母さんの意図を理解し，その心を共有するのです。ですから，雄太くんも「フエ」とお母さんに向かって言うようになり，笛をお母さんと共有しようとすることが可能になるのです。この共有関係がないところではコミュニケーションは成立しませんし，ことばの獲得もできません。

〔自閉症の大地くんのコトバ〕

　ことばを話せる自閉症といわれていた4歳の大地くんは，最近になってことばを覚え，その数が急に増えてきていました。

　ある日，プレイルームで大地くんと会う機会がありました。そのときの出来事です。お母さんと一緒にやってきた大地くんは，大好きな輪投げを棚から出してきました。大地くんは手をブラブラさせ，トントンと足踏みをしたかと思うと，やおら輪投げの輪を目の前に持ちあげ，輪の穴をのぞきこむようにしながら「ゼロー」と大きな声で言い，それから輪を2つなげて目の前に持ちあげ，ニコニコしながら，また大きな声で「ハチー」と言いました。これが大地くんのことばでした。

　この「ゼロ」や「ハチ」は，0のかたちをした輪や8のかたちをした2つの輪をさしています。それらはたしかに，音声を使ってある物を言いあらわしていますから，ことばに必要な要件は満たしています。しかし，私にはその場面が少し奇妙に見えていました。どうしてかといいますと，大

地くんのすぐ近くにいるお母さんとも私ともまったく無関係な様子で，手で輪をもち「ゼロー」「ハチー」と何度も言い，一人で嬉しそうに身体に力をこめて笑っているだけだからです。大地くんのことばの大半が，こうした特徴をもっていました。

　普通の子どもは，ことばを使って人とやりとりし，ことばやその意味を共有しようとします。お母さんが近くにいれば，お母さんに視線を向け，お母さんと笑顔をかわし，ことばが表現する世界を共有しようとするはずです。それがことばの本来のありようだからです。しかし，大地くんにはそうした気配がほとんど感じられません。大地くんのことばは，「音声」と「かたち」だけが大地くんのなかで結びついたものにすぎません。それは「コトバ」としか言いあらわせないものであって，私たちが他者と意味を共有しようとして使う「ことば」とは似て非なるものです。なぜなら，それは他者と意味を共有しようとするコミュニケーションには使えない「コトバ」だからです。

　大地くんの「コトバ」は，お母さんの意図や心を共有しながら獲得されたものではありません。それはおそらく「音声」と「かたち」が機械的に結びついたものにすぎないのです。

　やがて大地くんに，お母さんと共感しあえる情動が育ち，それが心と心の共有世界をつくりだす基盤として働くようになるとき，大地くんの「コトバ」は「ことば」をめざす道を歩みはじめることになります。

第12章

お母さんは安全の基地

　お母さんは，登山をするときに設置するベースキャンプや，長い航海でいたんだ船を修理するドックに似ています。高い山に登る人も，遠洋航海に出る船も，そこに戻れば安心でき補給ができると思える場所があるとき，何度も見知らぬ世界に向かうことができるからです。赤ちゃんにとって，お母さんはそんな働きをしています。

　関心をもっぱらお母さんに向けていた赤ちゃんは，生後半年ころから，その関心を次第にお母さんとは違う事物へと広げていきます。やがて，ハイハイがはじまり，一人立ちから一人歩きへと運動能力が発達し，活動範囲がますます広がります。一人歩きが上手になるころ，赤ちゃんにはお母さんに安心感を求めるような振る舞いが増えてきます。赤ちゃんは，お母さんを**安全基地**として積極的に活用しはじめるようになるからです。

1．弱虫なんかじゃない

　1歳半を過ぎたころ，赤ちゃんの自己主張が強くなります。自己主張をして泣くようになります。**自立**の泣きです。しかし，赤ちゃんは自立をしようとしてお母さんから離れようとすると，今度は**分離不安**も強くなります。ですから，この時期には，こうした不安による泣きも増えてきます。いわゆる

赤ちゃん返りがみられ，弱虫になってしまったように感じられることがあります。

〔転ぶと泣きだすようになった純くん〕

　純くんは1歳のお誕生日を迎えるころ，一人で立ちあがりました。一所懸命に立ちあがろうとし，両足を左右にふんばり，両手でバランスをとってなんとか立ちあがっても，上体が前後にゆらゆらと揺れていました。それでも，お母さんの顔を見て，誇らしく笑って見せたことを，お母さんはよく覚えています。お母さんも思わず手をたたいて喜んだのです。

　やがて一人歩きをはじめたころ，純くんはよく転びました。転んでも泣きませんでした。平気な様子で，けなげに自分で立ちあがり，また歩きだしたものです。その様子を見て，お母さんは頼もしく思いました。

　しかし，1歳半を過ぎ，上手に歩くことができるようになった純くんは，転ぶと泣きだすようになりました。転んでもすぐには泣かないで，お母さんの顔を見てから甘えるように泣きだすこともあります。お母さんが抱きあげるまでは泣きやもうとしません。純くんは弱虫になってしまったようです。

　純くんは，弱虫になったのではありません。利口になったのです。自分で歩くということだけに集中して一所懸命だった時期は，転んでも歩くことにしか注意を向けられませんでした。ですから，何度転んでも，またすぐに歩きだそうとしたのです。

　しかし，歩くのが上手になった今は違います。自分で歩くことだけではなく，歩きながらほかのことにも十分注意を向けることができるようになっています。急に転んでビックリしたこと，足に感じる痛み，お母さんが近くにいること，お母さんに助けを求められること，こうしたことをいっぺんに気づけるようになりました。その純くんにとって，転んだときに一番安心できること，それはお母さんに助けてもらうことです。ですから，そうしてもらおうと思って純くんは泣くのです。

純くんはけっして弱虫になったのではありません。なぜなら，お母さんに助け起こしてもらい，なぐさめられて安心できれば，何事もなかったかのようにまた自分で歩きだし，再びなじみのない世界に向かっていくからです。
　ただし，知恵がついた純くんは，やみくもにお母さんから離れていくわけではありません。お母さんから離れすぎないように，その距離をはかっている様子がうかがわれます。お母さんから離れすぎたと感じると，不安になり，お母さんのところへ自分から戻ってきます。お母さんから離れすぎて戻れなくなり，危険な目にあわないようにするための知恵がついたのです。

2．お母さんとの心のきずな

　赤ちゃんがお母さんとのあいだに結ぶ愛情のきずなのことをアタッチメント（愛着）といいます。精神分析医だった**ボウルビィ**（Bowlby, J.）が提唱して有名になったことばです。赤ちゃんがアタッチメントを結んだ人は，赤ちゃんの安全基地としての役割をはたすことができます。
　かつては，こうした赤ちゃんとお母さんとの関係を**依存性**と呼んでいました。しかし，この依存性ということばには，未熟さとか受動性といったネガティブな響きがあります。「あなたは依存的だ」と言われたら，いい感じがしません。それはよい評価ではないからです。赤ちゃんはたしかにお母さんから世話をされています。けれども，赤ちゃんがお母さんとのあいだにもつ関係は，ネガティブなものではないはずです。それはむしろ，赤ちゃんの心の健康を支えるポジティブな意義をもっています。こう考えたボウルビィは，依存性という用語に替えてアタッチメントという用語を提唱しました。近年では，このアタッチメントという用語が定着しています。
　赤ちゃん時代の**母子関係**が，その人の精神発達に重要な役割を演じると指摘したのは精神分析の創始者，フロイトでした。お母さんは，赤ちゃんの最初でかつ最強の愛情対象であり，その後のあらゆる愛情関係の基盤だとされました。そして，お母さんが赤ちゃんの愛情対象になるのは，赤ちゃんの食欲求をお母さんが満足させてくれるからだと主張したのです。

こうした考えは，フロイトと同じ時代（20世紀前半）に精神分析と理論的に対立した**学習理論**でも同じでした。たとえば，**ダラードとミラー**（Dollard, J., & Miller, N. E.）は，**二次的動因説**によって，赤ちゃんとお母さんとの関係を説明しています。この理論では，最初に，空腹によって生じる生理的な食欲求（これを一次的動因といいます）がお母さんによって満たされます。この満足がお母さんと繰り返し結びつくと，お母さん自身が満足をあたえてくれる目標になります。ですから，赤ちゃんにとっては，お母さん自身が出会いたくなる欲求対象になるのです。この欲求はお母さんが満足をあたえた結果，赤ちゃんが新しく学習した欲求ですから，二次的動因といわれます。こうして，お母さん自身が赤ちゃんの二次的動因の目標になり，赤ちゃんは空腹ではない場面でも，お母さんとの交流を願うようになるというわけです。

　しかし，ボウルビィは，施設に収容された子どもたちが，栄養を十分にとり，食欲求が満たされても，アタッチメントを発達させず，さまざまな問題行動を生じさせることに気づきます。これは**ホスピタリズム（施設症）**といわれる症状です。さらに，20世紀半ば以降に活発化した赤ちゃんを対象にした心理学研究や，このあとに紹介する**エソロジー（比較行動学）**あるいは**動物心理学**などから得られた知見を取りこみ，ボウルビィはアタッチメントには赤ちゃんが能動的に形成する特徴がみられること，またお母さんとの親密なかかわりが重要であることを指摘したのです（すでにお断りしていますが，お母さんは広義の意味で使用しています。養育者のことであり，実母という意味ではありません）。

(1) エソロジーの知見

　エソロジーは比較行動学とか動物行動学ともいわれます。動物や人間の行動を自然観察して，比較研究する学問分野のことです。**ローレンツ**（Lorenz, K.）は，このエソロジーの方法を使って，**インプリンティング（刻印づけ）**という現象を見いだしたことで有名です。

　インプリンティングは，カモやアヒルなどのようにふ化直後から目が見え，歩行もできる離巣性の鳥類のヒナにみられる行動です。こうしたヒナ

図36 カルガモのヒナの後追い反応（1985）
手狭になった池から皇居のお堀への引っ越し光景（読売新聞社提供）

は，ふ化後の早い時期に見た動くものに対して後追い反応を見せます。自然場面では，ふ化直後にヒナが目にする最初に動くものは母鳥です。ですから，ヒナは母鳥のあとを追って歩きます（図36）。母鳥のあとを追いますから，母鳥からはぐれませんし，エサをもらうこともできます。ですから，インプリンティングはヒナの生存を高めるのにきわめて有効に働いています。

このインプリンティングという現象は，食欲求が満たされることで母親とのきずなが結ばれるとする精神分析や二次的動因説による説明とはまったく相いれないものです。食欲求という生理的な動因を満足させなくても，アタッチメント関係ができているからです。この刻印づけがいったんできあがると，相手を変更することはできなくなります。

人の赤ちゃんには，もちろんインプリンティングという現象はありません。しかし，インプリンティングは，赤ちゃんがお母さんを好きになるのは食欲求を満たしてくれるからではない場合があることを，ボウルビィに強く印象づけたのです。

さて，インプリンティングによって，ヒナは母鳥からはぐれなくてよくなりましたが，このシステムは一つ歯車がくるうと，とんでもないことが起こります。このフランスガモのヒナたちは，どういうわけか最初に見た動いた

図37　フランスガモのヒナの後追い反応（1988）
秋田犬をお母さんにしてしまった子ガモたち（毎日新聞社提供）

ものが秋田犬のシロだったようです（図37）。シロが行くところ，どこへでもついていきます。ほんとうのお母さんが「わたしがママよ」と出てきても，あとの祭りです。

(2) 動物心理学の知見

赤ちゃんは食欲求を満たしてくれるからお母さんを好きになるという考えに大きな打撃をあたえたもう一つの研究が，**ハーロウ**（Harlow, H. F.）のアカゲザルを用いた巧妙な研究です。この実験では，アカゲザルの赤ちゃんを針金製の代理母親と布製の代理母親だけがいるケージで飼育します（図38）。授乳は針金製の代理母親だけからできます。食欲求の満足がアタッチメント対象を決めるなら，子ザルは針金製の代理母親を好きになり，それにしがみついたり一緒にいたりする時間が長くなるはずです。また，安全基地も針金製の代理母親になるはずですから，突然，見慣れない奇妙なものがあらわれれば，驚いて針金製の代理母親のところに逃げ帰るはずです。

しかし，そうではありませんでした。子ザルは，布製の代理母親にしがみついていることが多く，安全基地になったのも布製の代理母親だったのです。安全基地となる対象に必要な条件は，お乳ではなく，やわらかであたた

第12章　お母さんは安全の基地

図38 針金製の代理母親からお乳を飲む
アカゲザル
Smith, B. D.: *Psychology: science & understanding.*
McGraw-Hill, 1998.

かな布のほうだったことになります。ハーロウは，アタッチメント形成に**接触慰安**の重要性を見いだしたのです。

　ボウルビィは，こうした研究から着想を得て，赤ちゃんのお母さんへのアタッチメント形成は食欲求の満足によるものではないと考えました。人の赤ちゃんは，生まれつきお母さんとの接近や接触を求める傾向をもっているのです。それは，人の**進化**の過程で，赤ちゃんが生き残る適応能力として獲得してきたものなのです。

　人の赤ちゃんがお母さんと接近や接触をするために使用するものとしてボウルビィがもっとも重視する行動が，新生児期からそなわる泣きや微笑です。いずれも，お母さんに自分への接近と接触の維持をうながす**信号行動**です。やがて出現する単母音からなるクーイングや，子音と母音からなる**喃語**もまた，そうした機能をもっています。赤ちゃんはこうしたアタッチメント行動を使って，お母さんを接近させ，接触を維持することで，自らの生命の保護を確かなものにしようとしたのだろうとされたのです。

　もう一つ，ボウルビィが注目したのが，赤ちゃんの心理学的研究のデータ

です。ボウルビィがアタッチメント理論を構想していた20世紀中ごろには，人の赤ちゃんがもつ**初期能力**が知られつつありました。赤ちゃんは，生まれつき，人の顔や声といった刺激に注意を向けようとする傾向があること。その傾向は，赤ちゃんが呼び寄せたお母さんとの相互作用によって育てられ，次第にお母さんとほかの人とを区別し，お母さんへの志向性を強めていくのだとされたのです。

　ボウルビィは，赤ちゃんの感覚 - 運動能力を使って，お母さんとの関係づくりを論じました。他方，すでに紹介したように，ピアジェは，赤ちゃんの感覚 - 運動能力を利用して，物との関係づくりを論じています。赤ちゃんの感覚 - 運動能力に着目したのはどちらも同じなのですが，視点をどこに置くかによって研究する領域が異なっています。また，ボウルビィは"赤ちゃん―お母さん"，ピアジェは"赤ちゃん―物"という二項関係を論じていますが，近年の共同注意論は"赤ちゃん―物―お母さん"という三項関係を論じたものだということにも気づいておいてください。

3．アタッチメントパターンと文化による違い

　赤ちゃんのアタッチメント行動を客観的に測定しようとした研究者が**エインスワース**（Ainsworth, M. D. S.）です。彼女は，プレイルームでの赤ちゃんの行動を観察することで，その子のお母さんに対するアタッチメントを評価する**ストレンジ・シチュエーション法**を開発しました。この方法では，なじみのないプレイルームでお母さんと一緒に遊んでいた赤ちゃんが，母子分離と母子再会の場面で見せる行動を対象にして，そのアタッチメントパターンが評価されます。母子分離はお母さんが突然プレイルームから出ていく場面，また，母子再会は出ていったお母さんがプレイルームに戻ってくる場面です。生後12〜18ヵ月の赤ちゃんへの適用が望ましいとされます。エインスワースは，赤ちゃんのアタッチメントに以下の3つの類型を見いだしました。

A型（回避型）：お母さんとの分離に直面しても，行動がほとんど変化せず，泣くことはめったにありません。お母さんとの再会時には，お母さんをはっきり避けることが多くみられます。プレイルームではじめて出会った見知らぬ人との交流も容易です。

　B型（安定型）：お母さんとの分離場面では，悲しみがはっきり表現され，探索行動が減ります。お母さんが部屋に戻ってくると，喜んで迎え，近づこうとし，あるいは離れたところからお母さんとのやりとりを積極的にします。

　C型（抵抗型あるいはアンビバレント型）：お母さんとの分離前から不安な様子があり，見知らぬ場所ではお母さんがいても気持ちが安定しません。分離場面では，強い不安が表現されます。再会場面では，お母さんへの接近や接触行動と，怒りや抵抗行動（ぐずり，かんしゃく，抱かれるのをいやがるなど）が混在します。

　エインスワースは，B型がお母さんへの健全なアタッチメントを発達させた赤ちゃんであり，B型のお母さんは，A型やC型のお母さんより感受性が高く，それは赤ちゃんのシグナルに対する感度がよく，受容的で，赤ちゃんの自律性を認めて協調的に振る舞うといった行動をすると指摘したのです。

　しかし，その後の研究で，このアタッチメントパターンの出現率は国により異なることが見いだされ，育児文化の違いによる可能性が指摘されています。

　エインスワースが研究したアメリカ合衆国のデータでは，B型がもっとも多く出現し，A型，C型と続きます。しかし，ドイツでは，A型がもっとも多く，B型，C型と続くというデータが示されました。その理由は，ドイツではアメリカ以上に赤ちゃんの自立をめざした育児が行われ，情緒の表出をおさえるようなしつけを受けていること，また，一人で家庭に残される経験をしばしばしており，母子分離場面での体験がそれほどストレスにならなかった可能性があることです。

　日本にも特有な傾向がみられています。まず，B型の出現がアメリカ以上

に多いことです。そして，C型がかなり多くみられますが，A型はほとんど出現しないのです。こうした日本の赤ちゃんの行動傾向には，日本における母子関係が影響していると考えられます。日本では，母子が身体的，心理的に密着しており，赤ちゃんの時期にはお母さんから分離されることは少ないのです。こうした経験が，C型の出現を高め，A型を出現しにくくさせているのだろうと考えられています。

ただし，こうした研究は1980年代前後のものであり，最近の赤ちゃんにはまた違った傾向がある可能性もあります。また，**D型（混乱型）**という組織だった行動が欠如したタイプも見いだされています。

4．お母さんからの情報

子どもは自分が知らない奇妙な物に出会ったとき，それがどんなものかを知ろうとしてお母さんの顔を見ることがあります。お母さんの情動を反映する表情やしぐさから，それがどんなものかを探ろうとするのです。お母さんの顔がおだやかで，平気そうなら，それはおそらく安全な物と考えていいはずです。逆に，お母さんの顔を不安そうで，怖がっているようなら，それは危険な物である可能性が高いでしょう。お母さんが何も言わなくても，子どもはそうした情報をお母さんの顔を見るだけで取りこみます。それを**社会的参照**といいます。

〔美和ちゃんとロボット犬〕

美和ちゃんは2歳の女の子。ある大学で行われた社会的参照の実験に参加するために，お母さんと一緒にやってきました。少し緊張気味です。プレイルームにはカーペットが敷いてあり，楽しそうなおもちゃが置いてあります。お母さんと一緒に入ると，若いお姉さんがいて，お母さんとお話をはじめました。お母さんには何も変わった様子はありません。美和ちゃんは，お母さんのスカートを一方の手で握っていましたが，少しずつ慣れてきて，その手を離し，しゃがんで大好きなブロックにさわりだしました。

図39 ロボット犬と操作盤
（Wow Wee Robotics 社製）

　しばらくすると，お姉さんが「また来るから，しばらくお母さんと遊んでいてね」と言って，バイバイをしてプレイルームから出ていきました。美和ちゃんもバイバイと手を振りました。プレイルームには，お母さんと美和ちゃんだけになりました。美和ちゃんは，ますますリラックスして，お母さんとブロックで遊び続けます。
　お母さんとブロックの遊びを数分したころでした。プレイルームのなかに，聞き慣れないジージーという音が聞こえてきたのです。その音のするほうを振り返って見ると，全身が銀色で，高さと長さがそれぞれ30cm，幅が15cmの見たことがないロボット犬（図39）が自分のほうに近づいてきます。目は緑色をしています。美和ちゃんは何だろうと思い，振り返り，立ちつくしたままじっと見ていました。その犬は少しすると止まりました。ちょっと安心です。でもすぐに，今度は「ワン，ワン，ワン」と吠えだしたので，またビックリです。
　美和ちゃんは，向き直り，お母さんの顔を見ました。でも，お母さんはロボット犬には気がついていない様子です。さっきと同じようにブロックで遊んでいます。美和ちゃんはお母さんに教えようとして，声を出しながら指さしをしました。でも，お母さんは気づいてくれません。

そうこうするうちに，お母さんは立ちあがり，近くにあった椅子に移動して，そこに座って雑誌を読みだしました。美和ちゃんもお母さんのあとを追っていきました。そして，お母さんの足に身を寄せるようにして，ロボット犬を黙ってじっと見つめ続けます。身動きができなくなっています。

　やがて，お母さんがロボット犬に気づき，ロボット犬を指さしながら，笑顔とやさしい声で「あ，ワンちゃんがいるね。かわいいワンちゃんだね」と言いました。美和ちゃんはお母さんの顔をじっと見ました。それから，自分も指さしをして，お母さんから少し離れました。でも，まだロボット犬には近づけません。

　お母さんは椅子から立ちあがり，ロボット犬にゆっくり近づきます。美和ちゃんもそのうしろから近づいていきます。お母さんはロボット犬の頭と胴体に手でさわり，「かわいいね」と言いながら美和ちゃんの顔を見ました。美和ちゃんもお母さんの顔を見て，ニッコリほほえみ，ロボット犬の頭に指先でそっとさわります。怖そうな口にもさわれました。

　ロボット犬はもう怖いものではなくなりました。美和ちゃんはロボット犬とお友だちになりました。ロボット犬のまわりを笑顔で歩き，頭にも胴体にもしっぽにもさわり，少し開いていた口のなかに手を入れることもできました。

　これは，美和ちゃんとロボット犬の数分間の出会いの場面です。この場面からは，美和ちゃんがお母さんを安全基地として利用していることがよくわかります。そして同時に，美和ちゃんは，物の意味をお母さんから手に入れようとすることもわかります。美和ちゃんは，自分に安心感をあたえてくれるお母さんのロボット犬に対する反応から，自分がロボット犬にどのようにかかわればよいのかを理解します。お母さんを情報の基地としても利用しているのです。

　ロボット犬を安心して見ることができるようになったとき，美和ちゃんの心には，ロボット犬がお母さんとの共同注意の対象としてあらわれてきま

す。お母さんと一緒に見ていることを実感しながら、その共有世界のなかで、美和ちゃんは手でさわり、お母さんからの説明を聞き、ロボット犬とは何かをさらによく知っていくのです。

第13章

素直な反抗と遊びの世界

　2歳児は聞きわけがないとよくいわれます。何を言っても，「いや」「だめ」と口ごたえするように感じ，言いだしたらテコでも動かない頑固さがあるからです。思春期の**第二反抗期**と対応させて，**第一反抗期**ということばもあるくらいです。しかし，2歳児の反抗をよく見てみると，けっして相手をいやがらせるために，わざと反対のことを言っているのではないことがわかります。2歳児は，自分にしたいことがあると，それがほんとうにしたいのです。その思いは，それ以外のことに気持ちを切り替えることが難しいほど一途なものなのです。

　2歳児の反抗は，自分の気持ちにしたがった，まっすぐな主張です。ですから，その反抗はたいへん素直なものです。そんな2歳前後の子どもの心の世界をのぞいてみたいと思います。

1．お片づけと反抗

　1歳9ヵ月の花ちゃんが，お母さんと一緒に朝ご飯を食べています。お母さんとお話をしながら楽しそう。スプーンも上手に使えます。やがて，お腹がいっぱいになり，「ごちそうさま」もできました。お母さんはいつもどおり，お片づけをはじめます。台所から洗い物をする音が聞こえてきました。

花ちゃんは座っていたベビーチェアから降り，いつもの積み木を見つけて遊びだします。しばらくして，何気なく見あげると，タンスの引き出しが少しあいています。お母さんは，衣替えを迎えて服の入れ替えをしている途中だったのです。花ちゃんは引き出しの中に何が入っているのか見たくなりました。引き出しを引っ張って中を見ると，そこには大きな仕切りの板が一枚あるだけ。何だろうと思って，その板を手にとって見ています。
　事件はここから起こりました。

　〔花ちゃんの反抗〕
　お母さんは洗い物を終え，台所から戻ってくると，いつものように「さあ，お片づけしようね」と言って，花ちゃんにあと片づけをお願いしました。いつもは素直に応じてくれる花ちゃんです。でも，今日は「いや」と言って，片づけようとしません。何度お願いしてもだめです。お母さんは仕方なく，「じゃ，お母さんが片づけるからね」と言って，ベビーチェアとその下に敷いてあったシーツを持ちあげて片づけようとします。すると，花ちゃんは「いやー！　だめー！」と大声を出しながらベビーチェアやシーツを引っ張って離そうとしません。お母さんが一人で片づけるのもだめ。とにかく片づけはいやなようです。いつもの聞きわけのいい花ちゃんはどこへ行ってしまったのでしょう。

　このあと，お母さんはどうしたと思いますか。そして，花ちゃんはどうなったのでしょう。この事件をもう少し見ていきたいと思います。

　花ちゃんの強い反抗に出会ったお母さんは，何がそんなに気に入らないんだろうと思い，どうしたらよいのか戸惑ってしまいました。それでも，このまま争いを続けないほうがよいだろうと感じました。そこで，片づけはいったんやめにし，「あ，そうだ。見て見て，もしかしたらウサちゃんもお腹が空いているかもね」と言って，花ちゃんの近くに転がっていたウサギのぬいぐるみに指さしをしてみたのです。すると……

花ちゃんはニッコリほほえみながら，大好きなウサちゃんをテーブルの上に連れてきました。お母さんと一緒にウサちゃんにご飯を食べさせてあげます。花ちゃんがウサちゃんの口にスプーンで食べさせてあげると，ウサちゃんはとてもおいしそうに食べてくれます。花ちゃんも楽しそう。花ちゃんはなんだか自分がお母さんになったような気分です。花ちゃんの顔は得意満面。だって，大好きな「お母さん」になったのですから。
　こうしてウサちゃんとの遊びがひと段落ついたころ，お母さんは「ウサちゃんもお腹がいっぱいになったようだから，ごちそうさまをして，お椅子とシーツを片づけてあげようか」と言ってみました。すると……
　花ちゃんからさっきの反抗が嘘のようになくなり，いつもと同じようにベビーチェアを持ちあげて部屋のすみに運び，お母さんと一緒にシーツをたたんでくれました。さっきとは打って変わって，いつもの機嫌のよい花ちゃんです。こうして，何事もなかったように遊びはじめた花ちゃんにお母さんも安心し，やりかけていた服の入れ替えをまたはじめました。

　この出来事，時間にすると数分のことです。2歳ころのお子さんのいる家庭では，どこででも起こっている出来事で，何事もなかったように過ぎ去ります。しかし，ひとつ対応を誤ると，けんかのようになってしまって，子どももお母さんも不愉快な感情をもち続けることになりかねません。では，2歳児の反抗をどうとらえたらよいのでしょう。この事例をもとに，2歳ころに起こりやすい子どもの反抗とは何か，そして，その反抗に対応するお母さんの振る舞いがもつ意味を，**遊び**という視点から考えてみたいと思います。

2．2歳児の反抗とは何か

　聞きわけがなく反抗するのが2歳児だといわれます。花ちゃんの「いやー」「だめー」や，「きらいー」「ぼく（わたし）のー」「ぼく（わたし）がやるー」は2歳児が得意とすることばです。2歳に近づくころ，他者とは違う自分の世界を生きはじめようとするからです。自分がすることと他者がする

ことの違いを区別し，いろんなことに積極的に取り組みながら，自立に向かって歩みだそうとします。

　まだ自分一人では上手にできないことを，何度も何度も失敗しながら，自分一人でやろうとします。うまくいかないとき，うまくいかなくてもまたやろうとするとき，そして，うまくいったという経験をするときに，子どもの自立心は育てられます。「うまくいかない壁」にぶつかることができるからです。失敗しても懲りることなく何度もやり続けるという子どもの楽天主義には，自分に気づかせ，自立の道へとみちびく強い働きがあります。

　２歳児の思考には一方向的という特徴もあります。「そうだ」「そうしたい」と思ったら，そこに向かって足を踏みだし，その道をわき目も振らずに歩こうとします。自分が「そうしたい」と思ったときに，お母さんから「こうしなさい」と言われても，「そうしたい」と思っている自分を変えるのはなかなか難しいのです。

　ですから，この時期の子どもの反抗は，お母さんにわざと逆らっているのではありません。今，自分がしたいことをしたいだけなのです。それがお母さんのしてもらいたいことと合わないとき，２歳児は相手の都合はお構いなしに思いきり主張します。そして，自己主張をしながら自立心を育てていこうとします。お母さんから見れば，わざと反抗しているように見えますが，けっしてそうではありません。

　花ちゃんの反抗にも同じような意味が隠されています。きっと花ちゃんはタンスの板で何かをしようとしていたのです。ですから，それを知らないお母さんから急にお片づけの指示をされ，反射的に「いやー！　だめー！」と言ってしまったのでしょう。花ちゃんにはどうして「いや」なのか，その理由をお母さんに向かってお話しする力はまだありません。とにかく「いや」なのです。そして，その「いや」は，花ちゃんの心のなかでどんどんエスカレートしてしまいます。

　こんな場面では，どうしても花ちゃんとお母さんのやりとりだけが問題にみえます。しかし，花ちゃんの心のなかのことを少し考えてみましょう。するとそこには，もう一つの隠された**葛藤**があることに気づきます。なぜな

ら，花ちゃんはお母さんが一人で片づけてしまうのも「だめ」だと言っているからです。きっと花ちゃんはお片づけも自分でしたかったのです。いつもそうしているのですから。お片づけのできる自分は，自慢のできる花ちゃんなのですから。だけど今は板で遊びたいのです。花ちゃんは板で遊ぼうとしていたのですから。

　花ちゃんの心のなかには，板で遊びたい自分と，片づけをしたい自分がいて，その2人の自分のあいだでも葛藤があるのだろうと思います。そうだとしたら，花ちゃんとお母さんとのあいだに生じた葛藤，そして，花ちゃんの心のなかにもある葛藤，この2つの葛藤を花ちゃんのお母さんはウサちゃんとの遊びを使って上手に切り抜けたことになります。遊びには，混乱した子どもの心を修復させる不思議な力が隠されているようです。

3．遊びがもつ不思議な力

　花ちゃんのお母さんは，とっさにウサギのぬいぐるみに助けを求めました。このとっさの判断には，その場の荒だった雰囲気を一掃させる働きがありました。花ちゃんは，お母さんの声と指さしに誘われて大好きなウサちゃんを見ると，スーッと気持ちが楽になったようです。ウサちゃんが相手なら，お母さんと一緒に楽しく遊べると感じたからです。花ちゃんだって，いつまでもグズグズしていたくはありません。

　ここには，すでに遊びがもつ不思議な力がみられます。ウサちゃんとの遊びへの話題の転換で，花ちゃんの機嫌がすぐに変わってしまうからです。お母さんが助けを求めたウサちゃんは，花ちゃんが話題にしたくないお片づけとは無関係なもの。それに，花ちゃんはウサちゃんのことが大好きです。ですから，ウサちゃんはお母さんといつものように楽しく共有できるものになるのです。こうして花ちゃんの気持ちは立ち直り，安心してお母さんと一緒にウサちゃんとままごとごっこをはじめることができます。

　遊びがもつ不思議な力。それは，このままごとごっこでのお母さんとのやりとりで，さらに発揮されます。ままごとごっこでは花ちゃんが中心ですか

ら，自由に遊べます。自由な遊びには，子どもの心をしなやかに修復する働きがあるのです。時々お母さんの顔を見ながらウサちゃんにご飯を食べさせてあげている花ちゃんの振る舞いは，生き生きとしています。お母さんはその様子に，ニコニコしながら「上手に食べさせてあげられるわね」などと花ちゃんに寄り添っています。花ちゃんは，ほんとうにウサちゃんのお母さんになった気分でいます。誰からも指図されず，自分の意志でウサちゃんにご飯を食べさせている花ちゃんは，この場の中心にいて，冷静さを十分に取り戻しています。

そんなときです，お母さんが「ウサちゃんもお腹がいっぱいになったようだから，ごちそうさまをして，お椅子とシーツを片づけてあげようか」と語りかけたのは。花ちゃんは，今度はお片づけをしようと思います。なぜなら，ウサちゃんのお母さんとして片づけをしてあげたいと思えるからです。それに，もともとお片づけは自分でしたかったことでもあったからです。そして最後に，花ちゃんはお母さんが大好きだからです。お母さんにやさしくされると，お母さんにもやさしくしたくなってしまうからです。

遊びは，ただ楽しいだけではありません。自由な遊びは，子どもの心を柔軟でやさしいものにさせます。2歳児は自分が自由だと感じるときには，それまでのいきさつにこだわることはほとんどありません。反抗期とされる2歳児は，こんな素直な心をもった子どもたちなのです。

このお片づけをテーマにした子どもの反抗と遊びの場面には，お母さんとのあいだで随所に共同注意をもとにした共有世界が展開されています。どのように展開されているか，簡単に見ておきたいと思います。

最初に，お母さんがお片づけをしようと花ちゃんを誘います。お母さんは，花ちゃんの注意をお片づけに向け，お片づけという世界を共有しようとしたのです。しかしこれは，花ちゃんの強い拒否によって失敗しました。花ちゃんにはしたいことがあったからです。それをお母さんはわかっていませんでした。ここで気づいてほしいことは，花ちゃんの拒否によって，お片づけの共有世界がまったくなくなったわけではないことです。お母さんの心の

片すみにも，花ちゃんの心の片すみにも，残っているのです。それを残しながら，それでも拒否し，そして拒否されています。これは人の心の特徴です。その特徴は，こんなに小さな子どもにもあてはまると思います。人と人とのやりとりを考えるときにはおさえておくべき大切なことになります。

　さて，次にお母さんがしたこと，それは花ちゃんをお母さんがしたい世界，つまりお片づけに引っ張りこもうとしなかったことです。お母さんがしたことは何かというと，花ちゃんと共有できる世界は何だろうかと考えようとしたことです。しかし，お母さんにはそれがわかりませんでした。ですから，花ちゃんが一番好きな玩具のウサちゃんを選んだのです。お母さんは花ちゃんの心が一番注意を向けやすいウサちゃんの世界を選び，それを共有しようとしたのです。それは，花ちゃんとの関係からお母さんが気づいた知恵でした。それからのウサちゃんとの遊びの展開は，すでに記したとおりです。そこでは，お母さんと花ちゃんがいろいろな物を共同注意しながら，豊かな共有世界が花ひらいています。

　そして，最後に，お母さんは「ウサちゃんもお腹がいっぱいになったようだから」という理由をつけて，お片づけに誘います。すると今度は，不思議なことに，花ちゃんの注意がいとも簡単にお母さんの世界に向かいます。このあたりの花ちゃんの心の動きもすでに記してあります。しかし，この時期の子どもらしい心の動きが感じとれる出来事をもう一点だけ補足しておきます。それは，ウサちゃんのお腹がいっぱいになることが，どうしてお片づけをする理由になるのかということです。それは，自分の体験からそうだということだけの理由によります。自分もお腹がいっぱいになると，お片づけをするからです。そして，ほんとうは自分でもお片づけをしたかったからです。こうした思考の展開にまったく疑問をもたないのが，この時期の子どもなのです。自分の気持ちが納得すればよいのです。それが，この時期の子どもの思考を道筋づけていくのです。

　そうした例を，もう少し年長の子どもを対象にして示しておきます。

第13章　素直な反抗と遊びの世界　　167

4．夕焼けとおうちの明かり

　もうすぐ3歳になる大介くんは，お父さんが大好きです。お父さんが帰ってくるのをいつも楽しみに待っています。お父さんは，帰ってきてまだ明るいと，近所にある公園に一緒に行って遊んでくれます。今日も一緒に行きました。そして，ブランコでいっぱい遊びました。

　あっという間に夕ご飯の時間になりました。おうちに帰らなければなりません。うす暗くなってきた帰り道，お父さんと手をつないで歩いていると，まわりが朱色に染まったようになりました。西に連なる山のあたりが真っ赤になっています。

　すると，大介くんはその赤く染まった夕日を見ながら，お父さんに「おひさまは，しずむと，どうして赤くなるの？」と聞いたのです。皆さんは，このお父さんがどんな答えをしたと思いますか。そして，皆さんならどう答えますか。

　このお父さんは，こんなふうに答えたそうです。

　「おひさまはね，おうちに帰ると暗いから，電気をつけるんだよ。だからあんなに明るいんだ」

　この答えを聞いた大介くんは，ほんとうにそうだというような顔をしてうなずいてくれた，とそのお父さんはおっしゃっていました。そして大介くんは，お母さんがおいしい夕ご飯をつくって待っている，明るく電気のともった自分のおうちへニコニコしながら帰っていったそうです。

　さて，このお父さんの答えは正しいですか。それとも正しくありませんか。皆さんは，「正しくない」と言われるかもしれません。しかし，それでは正しい答えとはどんな答えでしょうか。こんな答えでしょうか。

　「おひさまの光は，透きとおって見えるけれど，ほんとうは7つの色からできているんだ。おひさまがしずんで，西のほうから光が入ってくると，地球を取り巻く空気の層がプリズムのように働いて，青や緑や赤といった7つの色に分解されるんだ。ここには，そのなかの赤い色が届いているんだよ」

この答えがほんとうに正確かどうか自信がありませんが，少なくとも「おひさまが電気をつける」という答えよりは正しいと思います。しかし，この正しい答えは，大介くんにとってどんな意味があるのでしょうか。こんな答えは，大介くんにはまったく無意味な答えだと思います。
　先ほどの大介くんのお父さんの答えは「嘘」に違いありません。それは真っ赤な嘘です。しかし，その答えは，大介くんにとっては「正しい」答えなのではないでしょうか。というより，素敵な答えだといったほうが適切かもしれません。その証拠に，この答えを聞いた大介くんは，心から納得し，晴れやかな気分でおうちに帰ることができています。おひさまも自分と同じようにお父さんとおうちに帰ったのかもしれない。おうちに帰って，明るい部屋で，お父さんやお母さんとおいしい夕ご飯を食べているかもしれない。おうちへ向かいながら，あるいは夕ご飯を食べながら，そんなふうに想像を豊かにふくらませることができるお父さんの答えだったからです。大介くんの心はとても幸せになれたからです。
　これは遊びの世界だともいえます。遊びとは，自由で自発的な心の活動です。子どもはその遊びをとおして，しなやかで強い心を育てます。大介くんがお父さんを好きなのは，そうした遊びを一緒にしてくれるからです。それは，きっと花ちゃんのお母さんも同じなのだと思います。大介くんも花ちゃんも，お父さんやお母さんから，自由に遊べる安心感を得て，自立の道を歩んでいくのです。

5．直観的思考

　本章の最後に，今までのお話をピアジェの視点から見ておきたいと思います。ピアジェはこうした子どもの世界を，認識の視点から論じているからです。
　ピアジェの理論によれば，花ちゃんや大介くんのような思考を**直観的思考**といいます。直観的思考とは，論理性に欠け，見かけや情動の働きに強く影響される思考のことです。花ちゃんや大介くんの振る舞いには，たしかにこ

うした思考が随所にみられます。直観的思考には，**転導推理**，**自己中心性**，**アニミズム的思考**という特徴があります。これらの特徴を，花ちゃんや大介くんの振る舞いのなかに探ってみたいと思います。

(1) 転導推理

　転導推理とは，部分的関連や個人の個別的な視点から全体を説明しようとする推理です。花ちゃんの場合には，お片づけをすることへ気持ちを切り替える理由が，大介くんの場合には，おひさまが沈むと赤くなることに納得する理由が，転導推理的です。

　花ちゃんは，「ウサちゃんがお腹いっぱいになったからお片づけしよう」とお母さんに言われて，「そうだ」と納得します。これは，自分もお腹がいっぱいになったら，いつもお片づけをするからなのです。それだけで納得し，お母さんから急にお片づけをしようと言われて腹が立ったことも，タンスの板でしたかったことも，すっかり忘れてしまっています。

　大介くんも，今から自分が帰るおうちに電気がついて明るくなっているから，それと同じように「おひさまもおうちに帰って電気をつけるんだ」と言われると，それだけで納得してしまうのです。

(2) 自己中心性

　自己中心性とは，自分と他者との関係が未分化なため，他者の視点に立つことが困難で，自分の視点や経験を中心にして物事をとらえることをいいます。

　これも，花ちゃんと大介くんの振る舞いに顕著にあらわれています。花ちゃんの場合には，転導推理のところで指摘したこと以外に，お母さんと一緒にウサちゃんと楽しく遊んだこと，そして自分の機嫌がよくなったこと，これらもお片づけにしたがった理由だと思います。それは，きわめて自己中心的な心の動きです。

　ただし，この時期の子どもがまったく他者の視点に気づけないわけではありません。もっと幼い時期から他者の視点に気づけることは，すでに指摘し

てきました。ですから，花ちゃんはお母さんの気持ちに気づけないわけではありません。お片づけをし，お母さんが喜んでくれれば，花ちゃんもお母さんの気持ちがわかって嬉しいのです。大介くんはお父さんに説明を求めています。それは，お父さんの視点を利用しようとすることです。

(3) アニミズム的思考

　アニミズム的思考とは，無生物や植物に人間と同じような心の働きがあると信じる思考のことです。

　花ちゃんは，ぬいぐるみのウサちゃんが，自分と同じようにお腹がいっぱいになると感じるように振る舞っています。花ちゃんは，ウサちゃんと一緒にいるだけで，お母さんと一緒にいるときと同じように安心できるのです。そういった物を**移行対象**といいます。花ちゃんにとってウサちゃんは，やさしく自分を守ってくれるものなのです。

　大介くんも，おひさまを自分と同じような心をもったものとして体験しているようです。おひさまも，おうちに帰り，電気をつけて明るくし，きっとお父さんやお母さんとおいしい夕ご飯を食べるのです。

　子どもの好きなテレビ番組や玩具には，このアニミズムを利用したものがたくさんあります。私の子ども時代には，『チロリン村とくるみの木』というテレビ番組がありました。人の顔をした野菜や果物の人形が，けんかをしたり仲直りしたりしながら生活する愉快な番組でした。皆さん方は『アンパンマン』でしょうか。海外のテレビ番組では，『きかんしゃトーマス』もこのアニミズムという現象を利用したものです。

本章の「花ちゃん」の事例は，以下を一部修正し，再録したものです。
「反抗期と親子の遊び」『子育て支援のニュースレター』44号，3-4頁，こどもの城，2012

第14章

子どもと離れるとき

　太郎くんは,もう2ヵ月ほどすると幼稚園に入園する元気な男の子です。でも,太郎くんのお母さんは,太郎くんが幼稚園に行けるかどうかをとても心配しています。なぜかというと,太郎くんは「ぼく,幼稚園に行かない」と言うようになってしまったからです。近所のおばさんが「ぼく,いくつなの。あら,しっかりお年を言えてえらいのね。それじゃあ,4月から幼稚園ね」とでも言おうものならたいへんです。とたんに表情をこわばらせ,「ぼく,幼稚園きらいー！　行かないー！」と大声をあげて泣きだすからです。そんなとき,お母さんは「そうよね。まだ行きたくないのよね」と平静をよそおって太郎くんをなだめながらも,ほんとうはハラハラドキドキなのです。

1. 怖くなった幼稚園

　今から4ヵ月前,3歳のお誕生日を迎えたころは,太郎くんは幼稚園に行くことをとても楽しみにしていました。お母さんやお父さんから,幼稚園にはやさしい先生と仲良しのお友だちがいて,すごく楽しいところだと聞いていたからです。それに,幼稚園に行っている子は,強いお兄ちゃんやしっかりしたお姉ちゃんに見え,3歳になった太郎くんも早くお兄ちゃんやお姉ち

ゃんの仲間入りをしたかったからです。お兄ちゃんになることはとても魅力的なことなのです。

　ところが，2ヵ月ほど前に行われた運動会に招待されて行ってみたらどうでしょう。やさしい先生？　仲良しのお友だち？　そんなもの，どこにもいないではありませんか。どんなにやさしい先生なのだろうか，どんなに仲の良いお友だちだろうか，とすごく期待してきたのに，とても悲しくなってしまいます。それに音楽が大きな音でガンガン流れ，大人たちはせわしなく話しながら動きまわり，赤白帽をかぶった子どもたちも先生のかけ声や笛の音に合わせて大声を出し，飛びはねています。その様子を見た太郎くんは，まるで巨大な怪獣が運動場をとぐろを巻いてのたうちまわっている，そんな恐ろしさを感じてしまったようです。

　やがて，太郎くんの出番がまわってきました。4月から一緒に入園するお友だちがまとまり，お母さんと手をつないで運動場を行進し，「よーい，ドン！」の合図で，大きなお姉さんから一人で旗をもらってくるゲームです。「よーい，ドン！」の合図が鳴りました。行きたくないけれど，行かなくてはならないと思いました。心を決めて，おずおずと，お母さんを振り返り振り返りしながら前進しはじめた太郎くん。そのときです。旗をもらって戻ってくる元気のいい子に突き飛ばされてしりもちをつき，大泣きしてしまったのは……。

　こうして太郎くんのはじめての幼稚園体験は終わりました。太郎くんの「幼稚園きらいー！　行かないー！」がはじまり，お母さんへの甘えが再び強くなったのは，それからのことです。

2．心配と信頼

　こんなお子さんをおもちだとしたら，あなたはどうなさいますか。ほんとうに幼稚園に行かなくなったらどうしようかと不安になり，「幼稚園のきらいな子なんかいません。そんな子はうちの子どもではありません！」とか「3歳のお兄ちゃんなのよ。もう少ししっかりしなさい！」「男の子なのに，

ほんとうに情けなくなっちゃうわ！」とついつい叱りつけたくなるのではありませんか。

　でも，よく考えてみると，そうやって叱ってしばらく気分が晴れるのはお母さんだけで，子どもはますます自信をなくしてしまうことになるように思います。幼稚園が怖くて行きたくない自分は，お母さんから見捨てられるほどだめな自分なのだろうと感じたり，幼稚園ってやっぱりたいへんなところに違いないと思いこんでしまったりするかもしれません。お母さんも，太郎くんに追い打ちをかけるように叱っても，けっして気持ちがよいはずはありません。

　さて，太郎くんのお母さんはどうされたのでしょう。太郎くんのお母さんも，よその元気のいいお友だちと引っこみ思案になってしまった太郎くんを比べて，この子はほんとうに幼稚園に行ってお友だちと遊べるようになるのかしらと思ったそうです。でも，もう一方で，ほかの子もみんな幼稚園に行っているのだから，うちの子だってきっと大丈夫に違いない，今は幼稚園が怖くてこうなっているだけなのだと，自分をはげまされたそうです。そして，幼稚園のことはしばらく話題にしないようにしようと決心し，もしも太郎くんが「幼稚園きらいー！　行かないー！」と言っても，「ふーん，太郎くんはまだ幼稚園に行きたくないんだ」と気楽に答えてあげることにしたのです。

　こんなふうにお母さんから言われると，太郎くんはとても安心した表情をし，落ち着いた様子を見せたようです。幼稚園をきらいだと言っても，幼稚園に行きたくないと言っても平気なお母さんを見ていると，太郎くんはとても勇気づけられるようでした。こんなふうにして，太郎くんの気持ちに余裕が出てくると，幼稚園ってそれほど怖いところではないのかもしれないと思うときもありました。

3．一日入園の日

　入園1ヵ月前の太郎くん。今日はお母さんと一緒の一日入園の日です。太

郎くんがどんな反応をするか心配なお母さんと，幼稚園で何をされるか不安な太郎くん。太郎くんは朝から緊張気味です。でも，「幼稚園には行かない」とは一言も言いませんでした。ただ，「お母さんも幼稚園にずーっといるんだよね」と聞いてきたので，「そうよ，太郎くんと一緒に幼稚園に行って，太郎くんと一緒に帰ってくるのよ」とお母さんは答えました。

　幼稚園の講堂で，先生から「お母さんが園長先生のお話を聞くあいだ，ほかのお部屋に行って遊びましょう」と誘われましたが，太郎くんは「行かないー」と言って，お母さんのとなりに座っていました。園長先生のお話を聞いているお母さんの顔をそっと見あげてみました。お母さんも太郎くんの顔を見てニッコリほほえみます。太郎くんもきまり悪そうに笑いました。でも少し安心です。それから太郎くんは，緊張した顔で身じろぎもせずに園長先生のお話を聞いていましたが，やがて椅子を両手で抱えてピョンピョンと飛びはねる余裕も出てきたようです。お母さんはそんな太郎くんの様子に，たしなめながらも少し安心して思わず笑顔がこぼれます。

　この一日入園が終わってから，太郎くんは「幼稚園に行かない」と言わなくなりました。その代わりに，自分が描いた絵をもってきて「幼稚園の先生，これ上手ねって言う？」とか「これ，先生にあげるの」「先生，これ欲しいって言う？」「先生，遊びにきてくれる？」……と毎日のように言うようになりました。先生がどんなふうに自分を受けいれてくれるか，心配になるのでしょう。その心配をお母さんにぶつけてきているのです。太郎くんの心のなかには，幼稚園に対する気がかりがまだまだたくさんあることがわかります。

　またもう一方で，太郎くんのこうした発言は，幼稚園に行くことを前提にした発言であることにも気づきます。太郎くんは，幼稚園に行く準備をお母さんと一緒にはじめようとしているのです。太郎くんの心のなかには，幼稚園に行く自分と，幼稚園に行きたくない自分とがいるのかもしれません。太郎くんはその葛藤状態を，お母さんを支えにして，なんとか解決しようとしているのです。

4．過激な発言

　太郎くんはまた，こんなこともしきりに言うようになりました。「先生がぼくの時計取ったら，ぼくは先生の時計をもってきて，こわしちゃうんだ」「ほかの先生の時計も，みーんなこわしちゃったら，先生なんて言う？」など，かなり過激な発言です。こうしたちょっとビックリさせられるような発言からも，太郎くんが心のなかで幼稚園に行って，怖い先生や友だちと戦っていることがわかります。幼稚園に行ってもみんなからいじめられないようにするリハーサルを，心のなかで一所懸命にしているようです。だから，こうした過激な発言が登場することになるのです。「ぼく，先生の時計こわしちゃうんだ！　そしたらどうなる？」というわけです。

　太郎くんのお母さんはビックリしながらも，「そうねー，先生の時計こわしちゃうんだ。先生，泣いちゃうかもね。先生が太郎くんの時計を取ろうとしたら，『取っちゃだめ！』って言ったらいいよ。そしたら，先生，きっと取らないと思うよ」と話しました。太郎くんは，なるほどと思いました。太郎くんは，人のものをこわしてはいけないと思っているから，こわしたらどうしようとお母さんに聞いているのです。

　「そうか，やっぱり時計をこわしちゃいけないんだ。こわしたら先生がかわいそうなんだ。時計を取られそうになったら，『取っちゃだめ！』って言えばいいんだ」

　ここにも，幼稚園に行って活動する準備をお母さんと一緒にしようとしている太郎くんがいることに気づきます。太郎くんは，お母さんから安心感を得ながら，まぢかにせまった入園に向けて，心の態勢づくりを着々と進めているようです。

5．入園式の日

　今日はいよいよ入園式の日です。思ったとおり，太郎くんは朝から元気が

なく，何も話そうとしません。お母さんもそんな太郎くんの様子が気になりましたが，素知らぬ顔をして，いつもどおり家事をしていました。

　入園式は午後1時からです。お母さんはお昼ご飯の準備にとりかかりました。すると，突然，太郎くんが「ぼく，幼稚園に行くよ！」と大きな声で言ったのです。幼稚園に行くという宣言をしたのです。

　それから太郎くんは見違えるように元気になりました。お母さんとお話をしながら，お昼ご飯もいっぱい食べました。電車の駅から幼稚園まで，元気いっぱいに歩きました。幼稚園の講堂で，お母さんはうしろのほうの席に座ろうとしましたが，太郎くんがお母さんの手を引っ張って，最前列の真ん中の席に座ったのです。

　そして，講堂での記念撮影がすんで解散したあとも，太郎くんは誰もいなくなった運動場でお母さんとジャングルジムをして最後まで遊んできたのです。おまけに，ジャングルジムの横を通って帰ろうとした園長先生に「元気だね」と声をかけてもらい，握手までしてもらったのです。

6．自己主張

　このように，太郎くんが幼稚園に行くのをいやだと言いはじめてから，幼稚園に行くと宣言するまでに半年近くかかったことになります。それは3つの時期にわけられます。

　最初は，幼稚園に行くことを力いっぱいいやがって見せた時期です。お母さんにもお父さんにも，おじいちゃんにもおばあちゃんにも，そして知らないおばさんにも，「幼稚園きらいー！　行かないー！」と大声で自己主張した時期です。

　2番目の時期には，一日入園をきっかけに，幼稚園に行くリハーサルを心のなかでしています。心のなかで想像した幼稚園で直面する不安な出来事をお母さんにぶつけ，お母さんを支えにして，その不安を乗り越えようとした時期になります。

　そして最後が，幼稚園に行くと，未知の世界への船出を力強く宣言し，入

園式に勇敢に向きあい，それを乗り切った時期だといえます。

　太郎くんが見せたこの3つの時期が表現するものは，まったく異なっているように見えます。たしかに，幼稚園にネガティブであった時期から，ポジティブな態度に変わった時期への変化だけを見れば，たいへん異なっています。しかし，そこには見落としてはならない重要な共通点が隠されていると思います。それは，いずれの時期でも太郎くんは，幼稚園に対する不安が自分の心に生みだすものを「自己主張」として十分に表現できているということです。幼稚園になんか行かないという自己主張と，想像した幼稚園生活で直面した不安をお母さんにぶつけるという自己主張が，最後の幼稚園に行くという自己主張につながっているように思われるのです。

　それは，そうした自己主張ができないときのことを考えてみればよくわかります。幼稚園のことをあれこれ想像し，すごく怖いと感じている子が，「幼稚園きらいー！」と言えないで我慢すればするほど，幼稚園はますます得体のしれない恐ろしさを増します。また，想像した幼稚園生活に対する不安を表現できなければ，ますますその不安感は強くなったかもしれません。

　ですから，一見すると何か否定的な意味をもつように見える最初の2つの自己主張が，幼稚園に対する不安を乗り越えさせ，最後の「幼稚園に行く」という自己主張を生みだしてきたといえそうです。

7．お母さんの知恵

　最後に，この出来事を，太郎くんのお母さんの立場から見ておきたいと思います。

　太郎くんの自己主張へのお母さんの対応の基本は，太郎くんのありのままを尊重しようということでした。もちろん太郎くんのお母さんだって，太郎くんの「幼稚園きらいー！」や「先生の時計，こわしちゃうんだ！」という発言を聞いて，心のなかに波風が立たなかったというわけではないでしょう。「この子はなんでそんなことを言うのだろう」とヤキモキされたことがたびたびあったのです。それが普通のお母さんで，太郎くんのお母さんも普

通のお母さんだからです。

　ただ，太郎くんのお母さんは，子どもには成長しようとする強い意志があることを知っていました。そして，子どもをあたたかく見守っていれば，子どもは自分の力をたくわえ，苦難に立ち向かう意欲を燃やすようになること。逆に，子どものありのままの姿を否定すればするほど，子どもの心は萎縮し，自発性を失いやすくなること。太郎くんのお母さんは，子どもをこんなふうに見ることができる知恵をもっていたのです。

　太郎くんのお母さんのこうした知恵の働きで，太郎くんはお母さんに向かって安心して自己主張をし続けることができました。太郎くんのビックリするような自己主張は，お母さんの豊かな知恵に守られていたのです。

　さて，幼稚園に行くことを宣言し，入園式の日には元気いっぱいだった太郎くんも，お母さんと離れて一人で幼稚園に行くようになれば，また新しい不安をたくさん体験するはずです。そして，その不安をまたお母さんにぶつけてくるはずです。そのときには，太郎くんが不安をぶつけてくるのは，その不安を乗り越えようとしている証拠なのだと考えてください。太郎くんの不安な心に寄り添ってあげれば，太郎くんはきっと自分の力で自分の道を切りひらこうとするはずです。

本章は，以下を一部修正し，再録したものです。
「子どもと離れる」『赤ちゃんとママ スキップエイジ』冬増刊号，31-34頁，1990

第15章

心を病むとき・癒すとき

　人の心は，人との関係のなかで守られ，また傷つけられます。それは子どもの心も同じです。子どもの場合は，一番かかわりが深いお母さんとの関係が影響しやすいものです。お母さんとの関係がぎくしゃくし，安定した関係が結べなくなると，その子に特有な困った行動が出現する場合があります。お母さんが子どもの安心や安全の基地としての役割をはたせなくなるとき，子どもは自分が本来もっている意欲や勇気を十分に発揮できにくくなります。気持ちが萎縮し，不安が強くなって，心がアンバランスになります。困った行動は，そうした子どもの心が生みだす危険信号です。

　最後にご紹介するのは，私がかつて出会い，**遊戯療法**を手がけた3人の困った行動をする子どもたちです。いずれも50分ほどのセッションを週に1回程度行い，1年以上にわたってかかわりました。ここでは，その親と子の心のエッセンスをご紹介します。

1．身のまわりの物が怖くなってしまった子

　最初のお子さんは，2歳10ヵ月で保健師さんから紹介されてきた咲ちゃんという女の子です。一番気がかりなのは，お話しできることばが数語しかないということでした。1歳6ヵ月健診の問診票では，「抱いたり，おぶった

りされることを好みますか」が「いいえ」であり，「意味のあることばをまったくしゃべらない」という心配がお母さんによって記載されています。

　初回の相談場面でも，咲ちゃんは一言も話しませんでした。しかし，私がそれ以上に気になったのは，咲ちゃんがお母さんからまったく離れられないことでした。カーペットが敷かれたプレイルームの入り口で正座したままのお母さん，そのお母さんにしがみついたままの咲ちゃん，という奇妙な状態が，相談の最初から最後まで20分ほど続きました。普通は50分ほど相談時間をとりますが，咲ちゃんとお母さんの緊張感があまりに強いようなので，無理をしないで早めに切りあげたのです。咲ちゃんにとってプレイルームを怖いものにさせてはいけないと思いました。咲ちゃんはプレイルームのなかを見ることさえできない様子でした。

　咲ちゃんは，相談室に2回，3回とかよってきても，お母さんにしがみついたまま，まったく離れられません。プレイルームは明るい雰囲気で，棚に置かれたたくさんのおもちゃを自由に取りだして遊べますから，子どもは最初の相談のときでも，少し時間が経てばお母さんから離れて遊びだすのが普通です。咲ちゃんは，不安の強い目つきをしてプレイルームをながめ，部屋の離れたところからお母さんと話をしている私と目が合ったりすると，表情をすぐにかたくし，お母さんにしがみつきます。お母さんにも緊張感が強くあり，床に座った姿勢をくずそうとしません。また，咲ちゃんと遊ぼうとする気配も感じられません。しかし，咲ちゃんがこのプレイルームから帰りたがっているという印象はなく，むしろ，お母さんにしがみついたままここにいたいという感じでした。

　そんな状態が何回か続いたころ，お母さんは咲ちゃんがものすごい怖がりだということをお話しされはじめました。一人では自宅の庭から外には出られないこと。ハエやアリといった小さな虫を見つけたり，お母さん以外の人に出会ったりすると，「キャーッ」とおびえたような叫び声をあげて，お母さんにしがみついてくること。電話の音や家の外から聞こえてくる車の音も怖いこと。仕事で帰宅の遅いお父さんと，休みの日などに顔を合わせるのも苦手だということでした。

一方，お母さんは無口な方で，聞かれたことしかお答えになりませんが，万事に几帳面でしつけもきびしいことがわかりました。そのせいか，咲ちゃんの生活習慣の自立は非常に早く，食事も排泄も衣服の着脱も上手にできます。それどころか，自分の手や服が少しでも汚れるのが気になり，お母さんにきれいにしてもらわないと気がすみません。タンスの引き出しが少しでもあいていると，お母さんに教えてキッチリ閉めさせます。ことばの理解もすぐれ，話すことばの数が少ないことと，強い怖がり以外の点では，たいへん利口なよい子ということがわかりました。むしろ，このよい子すぎることが気がかりでした。

　もしかしたら，このお母さんは咲ちゃんに「よい子でなければならない。お母さんの言うとおりにできない子はだめな子だ」という強いメッセージをあたえ続けてきたのではないのだろうか。お母さんにとって，咲ちゃんが自分の期待にそった行動をしているときだけが，安心できるときだったのではないか。そして，咲ちゃんはそうしたお母さんの期待に一所懸命に自分を合わせようとしてきたのではなかったのか。咲ちゃんは，お母さんの気持ちを敏感に察知できる鋭敏な，いや過敏といっていいくらいの感受性をそなえた子どもではないのだろうか。

　もしも咲ちゃんがこうした感性をもち，お母さんの期待にそったよい子であろうとしたなら，きっと子どもらしいいたずらや自己主張は影をひそめてしまったことでしょう。おそらく，プレイルームでの咲ちゃんがそうであるように，おうちでも自由にのびのび遊ぶことが難しかったのではないでしょうか。お母さんの気に入る世界だけが咲ちゃんの心のなかで知らず知らずのうちに大きくなり，その世界だけで生きなければならなくなるからです。それは，お母さんの世界を生きさせられることだともいえます。そのとき，生きられなかった咲ちゃん自身の心はいったいどうなってしまうのでしょうか。

　そんなことを考えていたころ，お母さんがこんなことを話してくれました。

　「この子は理由もないのに，部屋の片すみで泣いていることがあります。

また，気がついてうしろを振り返ると，黙って立ち，私の背中を見つめて涙を流していることも時々あります。どうして，そんな変なことをするのでしょうか」

私は，少しずつ次のような内容のお話をしていきました。

「お母さんは，咲ちゃんをよい子に育てなければいけないという思いが強くはありませんか。お母さんが気に入ることをしている咲ちゃんだけが咲ちゃんで，そうでないときの咲ちゃんは咲ちゃんではないという感じのところが，もしかしたらあるのかもしれません。人間にはできることも，できないこともあります。よいところもあれば，欠点もあります。そのどちらももった咲ちゃんを咲ちゃんとして大切にしてあげることが必要です。

咲ちゃんは，お母さんの期待にこたえるだけの能力と，お母さんの気持ちを敏感にとらえる感受性をそなえた，かしこいお子さんです。もしかしたら，かしこすぎるお子さんなのかもしれません。子どもがよい子であろうとしすぎると，ほんとうの自分の気持ちが出せなくなり，子どもが本来もっているいたずらや自己主張は影をひそめます。そうすると，お母さんの気に入られる心の世界だけが大きくなり，その世界だけが咲ちゃんの心を占領してしまい，もう一つあるはずの自分は心のすみに押しこまれてしまいます。この心のすみに押しこまれて行き場をなくしたもう一つの心が，咲ちゃんの気づかないところでコントロールされないままもがきだすのだと想像してみてください。もしかしたら，そうした心がもつ得体のしれない活動が，咲ちゃんの心を不安にさせているのかもしれません。

咲ちゃんは，よい子であることを期待しすぎるお母さんに対して，"お母さんが好き"という気持ちと，"よい子だけを押しつけるお母さんはきらい"という矛盾する気持ちをもっているように見えます。そのため，お母さんのことが安心できなくなってしまっているのかもしれません。お母さんと一緒にいても緊張感が残ってしまい，このプレイルームでもお母さんから離れて遊べなくなっているようです。

安全の基地としての役割をもつお母さんから，十分な心の支援を失ってしまった咲ちゃんの心にうずまく不安が，お母さん以外の物や人に出会って緊

第15章　心を病むとき・癒すとき　183

張するとき，さらに強く感じられ，いろいろなことが怖くなってしまうのでしょう。大好きなお母さんに不安を感じざるをえない葛藤や，愛と憎しみとの**両価感情**が心に宿り，調整ができなくなるとき，かしこくて感受性も抑制心も強い咲ちゃんが，お母さんのうしろからその背中を見つめて涙していても不思議ではありません。いろいろな物を怖くさせているのは，咲ちゃんの心であり，そうした心を生じさせたお母さんなのかもしれません。しかし，いくらかしこい咲ちゃんでも，まだ自分の心の葛藤に気づく力はありません。また，お母さんを怖がることもできません。お母さんを怖がってしまえば，咲ちゃんは安全の基地をほんとうに失ってしまうことになるからです。

こうした不安におののく咲ちゃんの心は，お母さん以外の身のまわりの物や人に自分の不安を結びつけ，そこに怖いものを見いだすかのような体験をしてしまうのだと思います。話しことばの数が少ないのも，新しいことばを話して自らの体験世界を広げようとする心の働きが，不安によって抑制されてしまった可能性があります」

咲ちゃんのお母さんにも精神的な問題がいろいろありました。ここでは具体的にふれませんが，そうしたお母さんのお話にもしっかり耳を傾けながら，ありのままの咲ちゃんを大切にしてほしいこと，咲ちゃんの感じていることや考えていることをお母さんも一緒に共有してほしいこと，咲ちゃんはいろいろな失敗をしながらゆっくりゆっくり自分の力で成長していくこと，そうした咲ちゃんの発達の歩みを信頼し，それを見守ってほしいことを，時間をかけてお話ししました。

2．パンツにウンチをしてしまう子

夜尿ということばはよく知られています。正式には**夜間遺尿**といい，昼間のおもらしのことを**昼間遺尿**といいます。ウンチをもらしてしまう子もいて，それを**遺糞**といいます。この遺糞の子どもの遊戯療法をしたことがあります。そのケースの相談は，お母さんからのお手紙ではじまりましたので，お手紙とその返事という形式でご紹介してみたいと思います。

■ お母さんからのお手紙

パンツにウンチをするようになってしまった一郎のことでご相談いたします。

長男の一郎は5歳1ヵ月になりますが，毎日パンツにウンチをし，多いときなどは1日に3回も汚してしまいます。

オムツは1歳9ヵ月でとれ，このころはウンチが出そうになると私に教えにきていました。

ところが，4歳ころから時々汚すようになり，4歳半ころからは毎日汚すようになりました。気がついてトイレに行ってくるように言いますと，一人で行ってすませてくることもあります。汚す場所や時間は決まっておらず，家でも保育園でもしてしまいます。

近所の保育園には2歳半から通っています。保育園の先生のお話では，お友だちから「くさい，くさい」と言われ，集団になじめないでいるようです。保育園の先生には，家で甘やかしすぎているのではないかと指摘されましたが，汚したときにはきびしく叱っており，また折にふれて「もうお兄ちゃんなんだから，しっかりしなさい」などと強く言い聞かせていますので，そんなことはないと思います。

一郎にパンツにウンチをする理由をたずねましたら，「トイレですることはわかってるよ，でも自然にパンツに出ちゃうんだ」という返事でしたから，肛門でも悪いのかと思い，お医者様に行きましたが，どこも悪いところはないということでした。

性格的には，大人しく神経質で，男の子が好きな荒っぽい遊びはきらいで，ままごと遊びのようなものを好みます。テレビも女の子が見ているような番組を選んで見ています。

下に妹が2人（3歳と2歳）おりますが，上の妹は活発でものおじせず，けんかをしても一郎のほうがたたかれて泣いてしまいます。妹が使ったコップは絶対に使おうとしません。

いくじがない息子のことがはがゆくて仕方がありません。息子と上の妹の性格が反対であればよかったのにと思います。

私は今妊娠しています。息子は，2人の妹は「お母さんの子だから，ぼくの妹が欲しい」と言っています。

■ 私からの返事
　5歳にもなってパンツに毎日ウンチをするとのことですが，ほんとうにお困りのことと思います。来年は小学校にあがるのですから，早くよくなってもらいたいと思うお母さんのお気持ちもよくわかります。
　一郎くんの場合，1歳9ヵ月で排泄が自立し，お医者様の診断でも身体的には問題がないとのことですから，パンツにウンチをするようになってしまったのには，心理的な問題が考えられます。そこで，子どもにとってトイレでウンチをすることがどんな意味をもっているのかをお話ししてから，一郎くんの気持ちを考えていきたいと思います。
　「ウンチは愛する人へのプレゼント」という有名なことばがあります。お母さんが子どもの愛する人となり，その愛する人がウンチをトイレですることを喜んでくれるとき，子どもは自分のウンチをお母さんへのプレゼントのように感じるという意味です。ですから，子どもがトイレでウンチをするためには，お母さんをほんとうに愛することができなければなりません。愛する人が困ったとき，自分も困ったと思います。そして，どちらも困らないようにしようと思います。だから，パンツにウンチをしなくなるのです。
　こうした信頼関係が子どもとお母さんのあいだで結ばれると，お母さんが子どもにトイレに行くことを強制しなくても，子どもは自然にトイレに行くようになるものです。愛する人を喜ばせようとするのは，強制ではなく自発的なものなのですから。
　また，子どもはトイレでウンチをしたいと思っていることを信じていただきたいと思います。子どもは自分の成長を強く望んでおり，自分を自分でコントロールしたいと願っています。子どもは自分自身の喜びのためにも，排泄を自立したいのです。
　しかし，こうした発達への意欲を発揮するためには，お母さんが子どものありのままの姿を尊重する必要があります。もしもお母さんが子どもの性格

や行動を受けいれられないと，その子はお母さんからの安心感を失ってしまうことになりかねません。そんなとき，子どもは伸びようとする意欲をなくしたり，発達が逆戻りしたりしてしまうことがあります。

　さて，一郎くんの場合ですが，4歳以前にはウンチをトイレですることができていましたから，このころまではお母さんを愛する気持ちも発達しようとする意欲もあったと思われます。4歳以降になって，一郎くんのそうした気持ちがなんらかの理由でそこなわれてしまったようです。

　お手紙の内容から，その理由を探ってみます。最初に気づくことは，お母さんは一郎くんのいくじがなくて男らしくない性格をはがゆく感じておられることです。また，上の妹さんと性格が反対であればよかったとおっしゃっていますが，一郎くんの性格に問題を感じだされたのが，ちょうど一郎くんが4歳で，妹さんがけんかで負けなくなった2歳ころだったのではないでしょうか。

　もちろんお母さんは，そんな問題を一郎くんに直接お話しされたことはなかったはずです。しかし，そうした感情は，お母さんの一郎くんにそそぐ目や対応をそれまでより冷たくさせたのかもしれません。一郎くんにはそう感じられてしまったのかもしれません。さらに，上の妹さんが2歳，下の妹さんが1歳ころですから，お母さんはどうしてもこの妹さんたちに手をかけざるをえません。そのため，一郎くんに早くお兄ちゃんらしくしっかりしてほしいと期待し，それがお母さんの接し方を以前よりきびしいものにさせた可能性もあります。

　保育園でも，一郎くんはお友だちと活発に遊ぶことが苦手で，さびしい思いをしていたのだと思います。そういうさびしい思いを癒す役割をもつ家庭で，お母さんからの安心感をえられなかったとすれば，一郎くんは気持ちの安定をどこに求めればよいのでしょうか。

　妹さんたちにはやさしく接するように見え，自分にはきびしくなったように感じるお母さんの愛情を疑いはじめ，一郎くんがみじめな気持ちにかられたとしても不思議ではありません。妹さんが使ったコップを絶対に使おうとしないのは，精いっぱいの自己主張なのでしょう。それは「ぼくの妹が欲し

い」ということばにもうかがわれます。

　一郎くんが言うように，ウンチはトイレですることはわかっているのです。でも，そうできないのは，お母さんから得ていた安心感を失い，途方にくれ，自分の身体をコントロールする能力が発揮できなくなってしまったからだと考えられます。

　ですから，しつけをきびしくしても問題は解決されないと思います。それどころか，きびしい対応へのお返しとして，お母さんに対抗するかのようにパンツにウンチをし続けるおそれがあります。「ウンチは憎い人への武器」にもなりうるのです。

　今，お母さんに必要なことは，一郎くんとの信頼関係を取り戻すことです。そのためには，一郎くんは自分の力で自立する道をきっと歩んでくれると信じてあげることです。考えてみれば，パンツにウンチをしている大人などいません。みんないつか必ずウンチをトイレでするようになるのです。それを信じてあげてください。その早道は，お母さんが一郎くんのありのままを大切にしてあげることだと思います。お母さんに支えられて，一郎くんが自信を取り戻せば，きっと成長への意欲が高まり，お母さんへの「プレゼント」を用意するようになるはずです。

3．髪の毛を抜いてしまう子

　小学校の先生から紹介されたお母さんから電話でご連絡があり，相談をはじめた小学1年生の男の子です。俊くんは髪の毛を抜くことがやめられず，はげになっているところがあり，ご家庭で困っているとのことでした。

　お母さんと一緒に相談にきた俊くんは，野球帽を目まで見えないほどまぶかにかぶっていました。お母さんとあいさつをし，俊くんの様子をお聞きしていると，お母さんが俊くんに帽子を脱ぐようにおっしゃいました。俊くんが帽子を取ると，両耳の周囲の髪の毛がほぼ5cm幅できれいに抜かれていました。俊くんは下を向いたまま，何も言わずに，プレイルームで積み木を使って遊びだします。

俊くんの遊びは，相談回数を重ねるにつれてプレイルームで大きく展開し，それが俊くんの成長に意味をもっていきます。このことは後述することにして，最初に俊くんの生い立ちや性格などについてまとめておきます。

(1) 俊くんの生い立ちや性格など

　抜毛（ばつもう）は4歳の保育園時代にはじめてみられており，このときにはまつ毛を1ヵ月間抜いています。ちょうど妹が生まれた時期になります。その次が，小学校入学の直前で，眉毛，まつ毛，前髪を抜いています。このときには，眉毛がまったくなくなってしまったようです。総合病院の眼科，皮膚科，精神科を受診しましたが，「真ん中の子だから，心のストレスが原因です。ストレスをなくすようにしてください」と言われただけで，具体的な指導は何もなかったようです。小学校入学直後，抜毛はいったんおさまりますが，5月末よりまつ毛，前髪の抜毛が再びはじまり，6月には左側頭部の抜毛に転じ，10月から右側頭部の抜毛もはじまっています。私のところへ相談にきたのが12月でした。

　俊くんの発達歴に遅れを認める所見はありません。しかし，お母さんは，お兄ちゃんと妹さんの赤ちゃん時代のことはよく思いだせるのに，俊くんのことはほとんど思いだせないとおっしゃいます。最初の相談のときに，「兄と比べて字の覚えが遅かった」と強調してお話しされたことが印象に残っています。読書好きのご両親にとって，字の覚えが早く，本好きなお兄ちゃんは自慢の子であり，字の覚えが悪く，本嫌いの俊くんは，何をやらせても兄より劣る「だめな子」であったようです。

　学校の宿題も家ではなかなかやろうとせず，学校では5分か10分もあればできるものが，家では2時間かかってもできない。また，宿題をするときには，必ずお母さんにそばにいてもらわなければならないということでした。小学校では，きびしい教育方針の担任の先生になつけず，時々登校をしぶることがみられるようになっていました。

　お母さんは俊くんの性格を，「心のうちを見せない子」「ほんとうの自分の感情を表現できない子」「気が小さくて，用心深く，自分が他人からどう評

価されるかをすごく気にする子」と言っています。その例として，作文の宿題が出ると，「こんなことを書いて，みんなの前で読ませられたらどうしよう」と先わずらいをし，書きあげると，お母さんに「これで大丈夫？　おかしくない？」と何度も確認することや，作文の内容もあたりさわりのない事実の列挙しかなく，嬉しい，楽しい，悲しいという感情表現がまったくないと話しています。

　抜毛児の性格は，攻撃性が高く，その攻撃性が自分の身体に向けられていると一般にいわれますが，俊くんの攻撃性の高さは，プレイルームでの遊びにいかんなく発揮されることになります。

(2)　プレイルームでの遊び

　プレイルームでは，初回から私を相手に，激しい「戦争ごっこ」が演じられました。どの回でも，最初から最後まで「戦争ごっこ」でした。プレイルームの対角線上の両すみに，俊くんと私がおもちゃを使って防護壁をつくります。それぞれが防護壁の内側に座って，相手を攻撃するという遊びです。爆弾やビーム光線を使って撃ちあい，その攻撃が有効だと相手のおもちゃを１つ取りあげ，おもちゃをぜんぶ先に取りあげたほうが勝ちになります。おたがいに撃ちあうのですが，ルールの最終決定権は俊くんにありますから，いつも最後には私のおもちゃがなくなり，俊くんが勝つことになります。私は，毎回，完璧にうちくだかれます。

　その激しい遊びを見たお母さんは「信じられない」とおっしゃいました。気が小さくて自分の意見もはっきり主張できず，家ではお兄ちゃんの言うがままで，口ごたえも何もできない俊くんです。お母さんはプレイルームでの俊くんを見て，俊くんのなかにひそんでいたこうした激しい力にはじめて気づきます。

　私はお母さんに，俊くんの遊びがもつ意味を少しずつお話ししていきました。最初に，プレイルームがもつ意味についてお話をしました。このプレイルームは，外の世界とは切り離されており，誰からもどこからも文句を言われない場所であり，俊くん自身，プレイルームにあるおもちゃやいろいろな

器具，そして，お母さんと私に対して危害をくわえないかぎり，俊くんが自由に遊んでいい部屋だということです。また，私が俊くんと遊ぶときには，俊くんにこのプレイルームがそうした安全な場所であることが伝わるように遊ぶこともお伝えしました。さらに，おおよそ次のようなことをお伝えしています。

・プレイルームでは，自由になった俊くんのほんとうの姿がみられる可能性があること。
・プレイルームでは，学校や家庭でみられる俊くんとは違った振る舞いをする可能性があること。
・自分の心にひそむ攻撃性を見せることがあっても，それはそうした攻撃性の発散が許されたプレイルーム内での出来事なので，心配しないでよいこと。

こんなことをお話ししながら，週に1回ほどの遊戯療法を行いました。50分間のセッションですから，40分を過ぎたころには，その日の遊びの終了を俊くんに告げ，一緒におもちゃを指定の場所に片づけます。思いきり遊べた俊くんは，落ち着いた状態に戻り，あと片づけに集中し，この特別な場所との別れを私と共有できるようになっています。

お母さんは私との遊びのなかで見せる俊くんのこうした振る舞いをじかにご覧になり，いろいろなことに気づいていかれました。第一に気づかれたことは，俊くんが遊びで見せた強い攻撃性と，遊びが終わるとすぐにあと片づけをしようとする素直な振る舞いです。自分を十分に表現できたとき，俊くんの心は現実に戻り，その場で必要なことに対応できるものになりうるのだということです。第二に，遊びが「戦争ごっこ」から，次第に「野球」や「サッカー」というおだやかなものに変化していったことです。遊びが野球やサッカーに変わっても，最初は自分に都合がよいルールが目立ちましたが，それもだんだん私と対等なものへと改善されていきました。お母さんはその様子を見て，俊くんの心にあるやさしさや強さに気づかれました。第三は，家庭での俊くんの振る舞いが少しずつ改善されていることへの気づきです。たとえば，宿題への取り組みが自主的になってきたのです。ただし，抜

毛自体は一進一退の状態で続いていました。

(3) 俊くんの描いた家族画

　図40の左は，初回の相談から半年ほど経ったときに俊くんが書いた「家族画」です。この家族画にはいくつかの特徴があります。もっとも顕著な特徴は，この家族画のなかに俊くんがいないことです。自分を描くはずだったスペースが右上にありますが，最後までそこに自分を描くことはできませんでした。絵に描かれた人物が誰かを説明してもらい，俊くんがいないことがわかりましたので，「俊くんがいないね。描いてもいいんだよ」と言ってみましたが，描こうとはしませんでした。この絵についても，お母さんとお話をしました。お母さんは俊くんの家庭での居場所のなさに気づかれ，その意味について考えられたと思います。何ヵ月もかかりましたが，少しずつ俊くんのことを信頼し，俊くんのはたす家庭での役割などについても考え，居場所をつくろうとされたようでした。

　図40の右は，それから1年足らずしてからもう一度描いてもらったものです。この絵には俊くんが家族の真ん中に堂々と描かれています。この時期になっても，抜毛はおさまったり，またはじまったりが繰り返される状態でした。しかし，登校をしぶることはなくなり，宿題も早くできるようになり，

初回の相談からほぼ半年後
左上が父親，左下が妹，中央が兄，右下が母親。

初回の相談からほぼ1年半後
左から父親，兄，俊くん，妹，母親。

図40　俊くんの家族画

最下位だった学校の成績もずいぶん向上しています。プレイルームでは，プラスチック製のバットとボールを使った野球を楽しんでいます。自分が負けるとくやしそうにし，勝ちたいという気持ちが素直に表現できるようになっていました。

　俊くんとの相談は，毎週1回からはじまり，最後には2ヵ月に1回に減っていきましたが，小学5年生の終わりころまで続きました。5年生のときには，成績がクラスのトップにまで向上し，学級委員にも選ばれています。抜毛はほとんどしなくなりましたが，まったくなくなったわけではありませんでした。

　あるとき，野球遊びが終わると，俊くんは私に「ぼく，もうこの部屋にこなくてもいいよ」と言いました。それは，俊くんのプレイルームからの「卒業」の宣言でした。お母さんも同意され，私もそのほうがいいと思いました。こうしてお別れのときがやってきました。

本章の1と3の事例は，以下を大幅に加筆修正のうえ，再録したものです。
「子供の心の育て方」『小児科診療』53巻10号，2549-2554頁，1990

補 遺

息子への手紙

　君が誕生して2年と6ヵ月になる。今，私は38歳，お母さんは31歳だ。君は，お母さんとお父さんはもちろん，たくさんの人からほんとうに愛されて育ってきた。気がつくと，もう君はいわゆる「反抗期」だ。自分ができそうだと思ったことは，なんでもやろうとする。自立の道を目に見える姿で歩みだしたのがわかる。保育園か幼稚園に行くのもまぢかだ。やがて小学校に行き，私との関係も大きく変わっていくだろう。光陰矢のごとしだ。だから，私の記憶からうすれ去り，君が忘れてしまうこの赤ちゃん時代のことを記しておきたい。

　君は2200gで生まれた。君が産まれた産院は，私が赤ちゃんの勉強に行っていたところだ。お母さんが分娩室に入ってほどなく，「先生，生まれるよー」と助産師さんの声。どんな子が生まれてくるのか，期待と不安で胸がいっぱいになった。
　君は私の目の前で生まれた。生まれた君は，小さくて泣かなかった。私は多くの出産場面に立ち会ってきたが，このときほど赤ちゃんの泣き声が待ち遠しかったことはなかった。どれほど長い時間であったことか。あの数分の時間の重みは，今でも忘れられない。
　お医者さんと看護師さんの処置により，それでも君は泣き声をあげた。細

いとぎれがちの泣き声だった。君のはじめての呼吸であった。ほんとうに嬉しかった。妊娠中毒があった君のお母さんは，私以上に嬉しく，そして，安心したことと思う。

　君は呼吸をはじめ，目をあけた。分娩室に張りつめていた緊張感がうすらぎ，看護師さんたちの「小さいけれども，元気だから，大丈夫よ」という声のなかで，君ははじめてお母さんと出会った。お母さんは，笑顔と泣き顔のいりまじった顔で君を見つめ，「裕くん」と君の名を呼んだ。そのとき，君と目が合ったようだと，お母さんは思っている。その一瞬の出会いのあと，君は新生児室に用意されていた保育器へと運ばれていった。

　こうして，君はこの世で生きはじめ，私とお母さんは君の父親と母親になったのである。

　君の保育器での生活がはじまった。君はほんとうに元気な子だった。看護師さんが保育器の真ん中に寝かせてくれるのに，いつ見に行っても，君は保育器のはしにきて寝ていた。表情も豊かで，お乳もよく飲み，排気も上手だった。看護師さんはすぐに名前を覚えてくれて，みんなで「裕くん，裕くん」と呼んでくれている。お父さんもお母さんも，ガラス越しではあるが，よく面会に行ったものだ。

　お母さんが，君にはじめて哺乳瓶で母乳をあげたのは，生まれて5日目だった。もちろん保育器のなかでだ。30ccを一気に飲みきってしまう。排気のあと，寝かせて，話しかけたり手で身体にさわったりすると，身体の動きが止まり，お母さんの顔を見る。もう視線が合ったそうだ。そのうち，うとうとしはじめ，口もとにわずかにほほえみが浮かび，寝てしまう。ほほえみは，君につきあってくれたお母さんへのお礼のメッセージでもあろうか。

　「お母さんのこと，わかってくれたかな」

　これが，そのとき，お母さんが思ったことである。

　お母さんは君と目が合うと，やはりとても嬉しいらしい。残念ながら，お父さんとはまだ目が合ったことはない。一緒にいる時間が少ないのだから仕方がない。目覚めているときに，「裕くん」と声をかけると，お母さんのほ

うを見るのだそうだ。新生児は，人の顔の外周部の輪郭に視線を向けるといわれているが，君は間違いなくお母さんの目を見るのだそうだ。そして，ほほえんだりもする。「親のひいき目なのかなー」と言いながら，君のお母さんは嬉しそうだ。

　保育器から出たのは，生まれて9日目のことだった。体重は2426gだった。看護師さんが「うちの息子よ」と笑いながら君を抱いて，沐浴につれていってくれる。オムツをはずすと，ウンチだ。「よくウンチする子ね」と言われている。健康な証拠だ。看護師さんにも，君はとてもかわいがられた。アルバムを見てごらん。何人もの看護師さんに抱かれている写真があるね。
　この日，はじめて君は，お母さんのオッパイからお乳を飲んだ。乳首を口にふくませると，けげんそうな顔をしたという。今まで慣れてきたゴムの乳首とは，感触もにおいも違うことがわかったのだろう。口は，さかんに，チュッチュッと欲しそうにしているが，うまく口にはふくめない。お母さんがオッパイをちょっとつまんでお乳を出してあげると，味がわかって乳首をくわえるが，なかなか吸おうとしない。そうこうするうちに，5分ほど経ってしまったという。あきらめないで，右胸から左胸に換えてみた。今度は，乳首がうまく口に入り，上手に吸ってくれた。飲んだあと，君はずいぶん大きなゲップをしたらしいから，たくさん飲んだのだろう。機嫌よく眠ってしまったという。感激の授乳はこうして終わった。もちろん，君は何も覚えてはいないだろう。
　お母さんのお乳は，この日から急に出がよくなった。君を抱いて授乳したのが刺激になったのだろう。夜，目覚ましをかけなくても，3時間経てばお乳が張って，お母さんは目がさめる。

　翌日，お父さんは，はじめて君を抱いた。小さくて，とても軽かった。お母さんの育児日誌を見ると，お父さんは君に夢中で，抱いているあいだは，君の手をいじったり，足をいじったり，耳をいじったりしたと書いてある。そしてこの日，お母さんは，君より一足先に産院を退院した。それから毎

日，母乳をしぼって，お母さんが産院に届けたのはいうまでもない。

　君が退院したのは，生まれて13日目だった。体重が2888gのときだった。ようやく3人での生活がはじまったのである。
　君のもの言わぬ小さな存在は，お父さんとお母さんの生活を一変させることになった。それは，毎日が新しい発見と，驚きと，喜びと，困惑の連続であった。
　いろいろな出来事が思いだされてくる。人の顔を見てよく笑うようになったころの笑顔。夜泣きが強くて，夜中にお母さんと交替で，1時間も2時間も抱いて，家のなかを歩きまわったこと。離乳食が大好きで，たくさん食べ，おじいちゃんにもおばあちゃんにもほめられたこと。掃除機が好きで，お母さんが掃除をはじめると，ハイハイをして掃除機を追いかけまわしたこと。おぼつかない足取りで歩きまわる君を，お父さんとお母さんで笑いながら追いかけまわしたこと。数えあげれば切りがない。

　最近，お父さんが帰宅すると，玄関まで元気に走ってきて，笑顔で「おかえり」と言い，「抱っこ」を催促する。嬉しいものだ。そして，いわゆる「反抗期」の真っ最中でもある。今，君が一番得意なことばは「いやー」「だめー」「きらいー」「ぼくのー」「ぼくがやるー」の5種類だ。自分が気に入らないときには，「いやー」「だめー」と大きな声をはりあげる。どういうわけか，ジャジャ丸は「すきー」で，ピッコロとポロリは「きらいー」なのである。
　甘えと自立のあいだでの揺れ動き。君は「いけない」ときつく言われて，ベソをかくとき，「ぼく，かなしいの。なみだがでちゃうの」と言って，抱きつきにくる。でも，お父さんは，いけないと思うことは「いけない」と言おうと思うのだ。

　君を見ていると，お父さんは，時折，君に子ども時代の自分を重ねあわせて見ていることがあるようだ。男の子を育てることは，父親に，自分の父親

との関係を子ども時代にまでさかのぼって再体験させやすいのかもしれない。君との体験が，私と私の父親との出来事を，不意に思いださせるのだ。

君に，私がふだん着ているジャンパーをはおってあげたことがあった。すると，君は「お父さんの，お父さんの」と言って，大喜びをしたのである。この光景は，私に一枚のスナップ写真を思いださせた。

それは，家族で川エビ取りに行き，転んでズボンを濡らしてしまい，父のズボンを借りてはいている写真である。おそらく，お父さんが3歳のころ，今の君とちょうど同じころの写真だ。その当時，私たちは姫路市の郊外に住んでいた。君のおじいさんは，ある小さな会社で，当時はまだ珍しかった電気冷蔵庫や電気洗濯機をつくっていた。しかし，その会社の経営はどうしようもなく悪く，その立て直しに忙殺されていたに違いない。そのころの父との思い出は，これ以外に見当たらない。

その父が撮った写真には，母と妹と私が父のほうを見て，笑っているところが写されている。私がブカブカのズボンをはいて，バンドを締めている格好が滑稽だったのだろう。そして，私は，父のズボンをはいてほんとうに嬉しかったのだと思う。これが，父との最初の出会いとして残されている記録である。

君とお父さんは，これから，いろんな出会いをすることになるだろう。父親と息子とのあいだには，私自身が体験したような葛藤も待ちうけていることだろう。今度は，父親としてその葛藤を引き受けていこうと思う。君も頑張れ。

君の存在は，私たちに，十分幸せをあたえている。君という，かけがえのない生命を，お父さんとお母さんは預けられたのだ。いつの日か，君が私たちのもとから，力強く羽ばたいていく日がくることを待ち望んでいる。

本章は，以下を一部修正し，再録したものです。
「息子への手紙」『親と子』36巻5号，22-26頁，1989

おわりに

　赤ちゃんは自分の心の世界をことばで語ることができません。一方，私どもはお互いの心をことばによって理解しあおうとします。ですから，語ってくれない赤ちゃんの心を理解することは，ほとんど不可能のように感じられます。そのせいで，赤ちゃんの心の世界は，つい最近まであまり知られていませんでした。というより，それは一般には知ることがあきらめられていた世界でした。
　本書は，こうした赤ちゃんの心の世界について，できるだけ広範囲に，かつできるだけ具体的に，そしてコンパクトに書こうと意図したものです。しかし，書き終えてみると，不本意な点が目につき，まだまだ取り上げるべきことはたくさんあることに気づかされます。赤ちゃんの心の世界には，それほど豊かで，奥の深い内容と働きがあるのです。赤ちゃんの心には，原初的な形態ではあれ，最初からすでに人間の心がもつ特徴がそなわっているようです。赤ちゃんが未熟であることは間違いありません。しかし，赤ちゃんはほんとうに有能な存在です。これから，その有能な心の世界がさらに明らかにされていくと思います。そして，それが赤ちゃんとお母さんの幸せにつながることを願います。
　本書には，多くの事例や写真を掲載することができました。掲載をお許しいただいた各位に，心よりお礼申し上げます。吉川歩さんには，お子さんの貴重な写真を2枚ご提供いただきました。図4の自発的微笑（榎乃ちゃん）と図32のハンドリガード（開くん）です。ほんとうに可愛らしい自発的微笑と，凛々しいハンドリガードで，どちらもとても気に入っています。
　事例や写真として登場する赤ちゃんやお母さんとの出会いから，そしてな

によりも妻と息子との生活から，赤ちゃんの心の世界についていろいろなことを学びました。本書が，赤ちゃんが生活のなかで表現する心の動きをいくらかでも描きだせているなら，それはこうした人々との出会いがあったからです。

　赤ちゃんとお母さんの関係は母子という一つのまとまりとしての動きです。この２人のやりとりは，母と子の個別の行動が時間的経過をたどって交互に生じる現象とは違います。そこには，継時的な生起とは異なる共時的な特徴がひそんでいます。人間の赤ちゃんは，個としての自分を生きながら他者の心と共鳴し，自他の世界を同時に経験しようとします。そうした赤ちゃんの体験世界をひも解くことは，今もなお謎に包まれる人間の心への接近を可能にさせる手がかりになると感じます。

　最後に，本書の出版の意義をお認めいただいた日本評論社に感謝申し上げます。とくに，編集をご担当いただいた植松由記さんには，最初から最後まで丁寧かつ迅速に編集をしていただきました。植松さんのご指摘で書き直した箇所がいくつもあります。ありがとうございました。

　　　2013年4月20日
　　　　　　　　　　　　　新緑に燕が飛び交う多摩湖畔にて
　　　　　　　　　　　　　　　　　　　　　　　　大藪　泰

索　引

事項索引

AノットBエラー（A$\overline{\text{B}}$ error）　74, 75
DNA　46
HIV（人免疫不全ウィルス）　46

あ行

愛着　150
赤ちゃん返り　149
赤ちゃん発見　32
アザラシ肢症　45
遊び　163, 165, 169
アタッチメント　28, 47, 150
アタッチメント行動　19
アタッチメントパターン　155
　A型（回避型）　156
　B型（安定型）　156
　C型（抵抗型あるいはアンビバレント型）　156
　D型（混乱型）　157
アニミズム的思考　170
アフォーダンス　127
甘え　197
アルコール　45
安全基地　148, 150, 153, 159, 183
育児語　25, 115
育児不安　17
育児文化　111, 156
移行対象　171
依存性　150
いたずら　182

意図　66, 108, 132, 133, 136, 140, 141, 145, 146
意図共有　134
意図的な主体　105
意図模倣　130, 134
意図理解　137
イナイ・イナイ・バー　118
居場所　192
遺糞　184
意味世界　108, 135, 136, 144
インプリンティング（刻印づけ）　151
ウィルス　46
産声　9
うめき声　34
ウルトラディアン・リズム　31
運動視　50
エソロジー　151
嚥下反射　62
延滞模倣　76, 126
お母さんへの甘え　173
音源定位　54
音声知覚　103
音声のカテゴリ知覚　97
音節　97
音素　99

か行

概日リズム　31
顔知覚　103

201

顔認知システム　102
顔の知覚能力　102
覚醒　13, 32
覚醒活動期　40
覚醒敏活活動期　41
覚醒敏活不活動期　40
学習障害　45
学習理論　151
数の理解　80
家族画　192
葛藤　164, 184
葛藤状態　175
カテゴリ化　80
感覚−運動的シェマ　69
感覚−運動的知能　68, 71, 138
感覚間知覚　56
カンガルーケア　12
桿体細胞　50
記憶　80
器官形成期　43
奇形　43, 45
寄生虫　46
機能の快　82
基本的信頼感　20
吸啜行動　41
吸啜のシェマ　70
吸啜のリズム　114
吸啜反射　47, 62, 71
鏡映化　90, 95
共感　90
鏡像　86
共通感覚　56
共同心性　94
共同注意　109, 137, 143, 144, 155, 159, 166
共鳴性　91
共有世界　29, 66, 134, 160, 166
共有欲求　60
均衡化　70
近赤外分光法（NIRS）　99
クーイング　41, 154

ぐずり泣き　34
口すぼめ　34
形態模倣　130, 134
原会話　116
言語獲得　80
言語中枢　37, 99
原始反射　62
高覚醒期　11
攻撃性　190
行動状態　11, 13, 31, 38, 40
　ステート1（静睡眠）　33, 36
　ステート2（動睡眠）　34, 36
　ステート3（静覚醒）　34, 40
　ステート4（動覚醒）　34, 40
　ステート5（泣き）　34
興奮　32
高リスクの赤ちゃん　15
合理的模倣　131
コカイン　45
ごっこ遊び　76, 123
ことば　30, 76, 146
子どもの楽天主義　164
コミュニケーション　29, 114, 127

さ行

サーカディアン・リズム　31
催奇形性物質　45
サリドマイド　45
サル真似　123, 134
三項関係　137, 155
自意識　130
シェマ　68
視覚誘発電位　48
色彩視　51
自己意識　85
自己刺激行動　118
自己主張　130, 148, 164, 177, 178, 182, 187
　——の泣き　19
自己受容感覚　43, 59, 82
自己中心性　170

自己鎮静　118
自己統御能力　14
施設症　151
視線交替　137, 140
しつけ　112, 188
自発的スタート　33
自発的微笑　22, 23, 24
自閉症　127, 146
社会化　38, 89
社会的鏡　89
社会的参照　157
社会的微笑　26
社会脳　10
周辺視　50
受精卵　43
手段と目的の分化　73
馴化　53, 98, 101, 106
馴化－脱馴化法　53, 80, 101, 106
循環反応　41, 69, 81, 82, 91
　第一次──　71, 138
　第二次──　72
　第三次──　74
情動　25, 28, 91, 93
　──の共鳴現象　29, 90, 95
情動共鳴　60, 142
情動共有　134
情動知　134
情動調律　90
情報の基地　159
情報の転移　59
初期能力　155
自立　148, 194, 197
自立心　164
視力　48
進化　25, 154
信号行動　154
新生児　11, 38, 41, 54, 58, 97
　──の聴覚閾　54
新生自己感　85
新生児模倣　60, 124

信頼関係　188
錐体細胞　49, 51
睡眠　13
睡眠－覚醒のリズム　35, 38
睡眠の発達曲線　36
スウォドリング　41
ストレンジ・シチュエーション法　155
生活習慣の自立　182
生活リズム　35
静観能力　30, 91, 108, 134
静止した顔の実験　117
精神遅滞　45
精神分析　32
生存可能胎齢　43
生態学的自己　85
生物行動学的移行期　41
生物時計　31
制約　55
生理的泣き　19
接触慰安　154
接触感覚　43
選好注視法　32, 48, 101
染色体　14
早期産児　42
早期母子接触　12
即時模倣　126
粗大運動　63

た行

胎芽期　43
胎児　24, 42, 54
　──の微笑　22
胎児期　43
胎児性アルコール症　45
対象の永続性　73
胎動　43
対面的共同注意　137, 138
対話　141
ダウン症　15
他者の経験知　109

他者の視点　130
多相性の睡眠　35
脱馴化　53, 98, 101, 106
タバコ　45
だめな子　189
探索欲求　26
単相性の睡眠　35
知能　68, 70
中核自己感　85
昼間遺尿　184
中心窩　49, 50, 51
中心視　50
中心－末梢勾配　64
超音波　22
超日リズム　31
調節　68
直観的思考　169
チンパンジー　10, 29, 87, 114, 124, 131
追視　50
追視行動　40
出会いの合図　9
帝王切開　11
低リスクの赤ちゃん　15
手の把握運動　64
転導推理　170
同化　68
動作語　142
動物心理学　151
頭部－尾部勾配　63
トキソプラズマ病　46

な行

泣き声　9, 14, 15, 19, 34, 95
　過激な——　20
泣きをなだめる効果　15
鉛　45
喃語　154
２ヵ月革命　41
二項関係　138, 155
二次的動因説　151

二重接触体験　82
ニューロイメージング法　99
眠りと目覚めのリズム　31
脳の血流量　37
脳波　23, 36
ノンレム睡眠　22, 33, 36

は行

把握のシェマ　69
把握反射　47, 62, 71
バイオロジカル・モーション　50
排泄　186
ハイハイ　28
パターン視　51
発声模倣　61
抜毛　189
話しことば　98
母親イメージ　12
母親語　25, 115
ババンスキー反射（バビンスキー反射）　63
反抗期　19, 194
　第一——　161
　第二——　161
反射活動　71
ハンドクラスピング　82
ハンドリガード　41, 65, 71, 138
比較行動学　151
微細運動　64
微笑　21, 34, 95
非対称性頸緊張反射　63
人志向性　55
人見知り　19, 28
表象　59
表象能力　74, 76
非様相的知覚　56
不安　177, 178, 179, 183
不安による泣き　19
風疹（三日ばしか）ウィルス　46
複視　49
複数感覚間重複　56

輻輳角　49
普通のお母さん　178
不定睡眠　35
不変項　62
振り遊び　123
プレイルーム　181, 190
プロソディ　100
文化　29, 131, 136
文化的意味　145
文化物　136, 145
分離不安　148
ヘロイン　45
保育行動　16
放射線　46
母語　103
歩行反射　63
母子関係　150
母子のリズム構造　118
ホスピタリズム　151
母性感受性　11
ほどほどによいお母さん　20
ポリ塩化ビフェニール　45

ま行

マザリーズ　25, 115, 142
まどろみ　23, 35
眉ひそめ　34
マルチモーダル　39, 62
マルチモダリティ　40, 56
見つめあいと目そらしのリズム　116
ミラーニューロン　125
ミラーリング　90

メチル水銀　45
目と手の協応　65
モーショニーズ　142
モダリティ　46
物がもつ意味　135
物の永続性　73, 75, 76
模倣　80, 90, 123
モリヌークスの問題　57
モロー反射　63

や行

夜間遺尿　184
夜尿　184
遊戯療法　180, 184, 191
有能感　20
誘発的微笑　24
ユニモダリティ　46
指さし　66, 137, 159
指しゃぶり　118
夢　36
よい子　183

ら行

卵体期　43
リズミックな口唇の運動　33
律動的反復運動　63
両価感情　184
両眼視　49
臨床法　68
ルージュ課題　85
ルーティング反射　62, 83
レム睡眠　22, 36

人名索引

A

エインスワース（Ainsworth, M. D. S.）　155, 156
アリストテレス（Aristotle）　56

B

ベイヤールジョン（Baillargeon, R.）　77, 78
バフチン（Bakhtin, M. M.）　141

ボウルビィ（Bowlby, J.） 150, 151, 152, 154, 155
ブラゼルトン（Brazelton, T. B.） 13, 17
ブルーナ（Bruner, J. S.） 138
バターワース（Butterworth, G. E.） 137

D
デキャスパー（DeCasper, A. J.） 44
ダラード（Dollard, J.） 151

E
アイマス（Eimas, P. D.） 97

F
ファンツ（Fantz, R. L.） 32, 48, 51
フロイト（Freud, S.） 32, 150

H
浜田寿美男 95
ハーロウ（Harlow, H. F.） 153, 154

J
ジェームズ，ウィリアム（James, William） 32

K
小嶋謙四郎 35
久保田正人 105

L
レゲァスティ（Legerstee, M.） 104, 106
ライプニッツ（Leibniz, G. W.） 57, 58
ロック，ジョン（Locke, John） 56, 58
ローレンツ（Lorenz, K.） 151

M
マクファーレン（Macfarlane, A.） 47

メルツォフ（Meltzoff, A. N.） 58, 60, 124
ミラー（Miller, N. E.） 151

N
ナイサー（Neisser, U.） 85

P
ピアジェ（Piaget, J.） 41, 57, 67, 78, 80, 81, 155, 169
プレヒトル（Prechtl, H. F. R.） 33, 40

R
ロシャ（Rochat, P.） 84
ロフワーグ（Roffwarg, H. P.） 36

S
ソーク（Salk, L.） 44
サンダー（Sander, L. W.） 16, 38
スレイター（Slater, A.） 48
スターン（Stern, D. N.） 85, 90

T
トマセロ（Tomasello, M.） 109, 137, 143

V
ヴィゴツキー（Vygotsky, L.） 40, 91

W
ワロン（Wallon, H.） 94
ウィニコット（Winnicott, D. W.） 20
ウォルフ（Wolff, P. H.） 27, 32

Z
ザゾ（Zazzo, R.） 86

大藪　泰（おおやぶ・やすし）

1951年　神戸市生まれ
1974年　早稲田大学文学部卒業
1979年　早稲田大学大学院文学研究科博士課程退学（心理学専攻）
現　在　早稲田大学文学学術院長　文化構想学部長　教授　博士（文学）
主　著　『新生児心理学―生後4週間の人間発達』（単著，1992）
　　　　『共同注意―新生児から2歳6か月までの発達過程』（単著，2004）
　　　　『共同注意の発達と臨床―人間化の原点の究明』（共編著，2004）
　　　　『テキスト現代心理学入門』（共編著，2009，以上川島書店）
　　　　『人間関係の生涯発達心理学』（共著，2014，丸善出版）ほか

赤ちゃんの心理学

2013年6月10日　第1版第1刷発行
2017年3月10日　第1版第2刷発行

著　者────大藪　泰
発行者────串崎　浩
発行所────株式会社　日本評論社
　　　　　　〒170-8474　東京都豊島区南大塚3-12-4
　　　　　　電話 03-3987-8621（販売）-8598（編集）　振替 00100-3-16
印刷所────港北出版印刷株式会社
製本所────株式会社精光堂
装　幀────図工ファイブ

検印省略　Ⓒ 2013 Oyabu, Y.
ISBN 978-4-535-56325-4　Printed in Japan

JCOPY 〈(社)出版者著作権管理機構 委託出版物〉
本書の無断複写は著作権法上での例外を除き禁じられています。複写される場合は，そのつど事前に，(社)出版者著作権管理機構（電話03-3513-6969，FAX03-3513-6979，e-mail: info@jcopy.or.jp）の許諾を得てください。
また，本書を代行業者等の第三者に依頼してスキャニング等の行為によりデジタル化することは，個人の家庭内の利用であっても，一切認められておりません。

0歳からはじまる子育てノート
エリクソンからの贈りもの
佐々木正美[著]

『子どもへのまなざし』の著者が贈る、親子がしあわせにそだつためのアドバイス。子どもの心の理解と問題解決のための必読書！　◆四六判／本体1,400円＋税

増補 母性愛神話の罠　こころの科学叢書
大日向雅美[著]

原著刊行から15年。この間、子育て支援活動の実践にもかかわってきた著者が、「三歳児神話」「母性愛神話」の「いま」と子育ての「未来」を追補する。
◆四六判／本体1,700円＋税

14歳からの精神医学
心の病気ってなんだろう
宮田雄吾[著]

摂食障害、社交不安障害、うつ病、統合失調症から、不登校やリストカットまで、悩む君たち・友達のためのいちばんやさしい入門書。　◆四六判／本体1,300円＋税

虐待・DV・トラウマにさらされた親子への支援
子ども－親心理療法
アリシア・F・リーバマン、シャンドラ・道子・ゴッシュ・イッペン、パトリシア・ヴァン・ホーン[著]
渡辺久子[監訳]　**佐藤恵美子・京野尚子・田中祐子・小室愛枝**[訳]

見過ごされがちだが、乳幼児期のトラウマの影響は大きい。豊富な事例をもとにした、心病む幼い子どもと親を支える具体的な手引き。　◆A5判／本体2,400円＋税

日本評論社
https://www.nippyo.co.jp/